I0421411

EL DELITO, EL DELINCUENTE Y LA PSICOLOGÍA.

JORGE ARTURO ABELLO GUAL

2024

TABLA DE CONTENIDO

7.9. CONCLUSIÓN

8. ¿QUE PASA EN EL CEREBRO DE UN PSICÓPATA?

BIBLIOGRAFÍA

INTRODUCCIÓN.

Luego de leer un libro del Profesor Jiménez de Asúa del año 1982, titulado Psicoanálisis criminal, donde trata las tesis de Freud y de varios psicoanalistas, en la explicación de los delitos a partir de la psiquis del delincuente, y de su tratamiento. Es muy interesante repasar dichas tesis, que si bien es cierto están relacionadas con la escuela positiva italiana, de Ferri, Garofalo y Lombroso, que ha sido criticada y rechazada por algunos de sus contenidos radicales, pero que aportó mucho en el estudio de la criminología, al mostrar al delincuente como un sujeto con un problema psíquico que debe ser tratado ayuda de la medicina, la psicología, psiquiatría y la pedagogía, para resocializarlo o curarlo, en vez de simplemente encerrarlo en una prisión durante años, esperando que en su soledad y su precariedad recapacite sobre su conducta criminal.

La escuela positivista permitió el desarrollo de la criminología, y un método de análisis del delincuente, del delito y del control social, utilizando la medicina, la psicología y la sociología, inicialmente, para darle explicación al fenómeno criminal, así explica Baratta (2004), la esencia y diferencia, entre la escuela clásica y la escuela positivista:

> "De acuerdo con el modelo de la escuela positiva y de la criminología se reduce a la explicación causal del comportamiento criminal basada en la doble hipótesis del carácter complementario determinado del comportamiento criminal, y de una diferencia fundamental entre individuos criminales y no criminales. A tal modelo se contrapone el de la escuela clásica, que tiene por objeto, más que al criminal, al crimen mismo, y queda ligada a la idea del libre arbitrio, del mérito y del

demérito individual y de la igualdad sustancial entre criminales y no criminales."

La escuela positivista se basó inicialmente en establecer un origen biológico del delincuente, desde sus características físicas, como lo sostuvo Lombroso, quien construyó su tesis del delincuente nato, que luego fue ampliando a otra categoría de delincuentes, como el ocasional y el neurótico. Así después, Ferri le adicionó a las causas del delito factores sociales, y luego Garófalo, le incluyó temas psicológicos. En este esquema, no existe inimputabilidad, pues el delincuente se clasifica como un enfermo, por lo tanto, la responsabilidad no se da por una decisión libre, sino por un acto preordenado al que el individuo esta determinado, por lo cual, justifica que la sociedad se defienda de él. Y la finalidad de la imposición de una pena, no es la retribución, sino la curación y reeducación del individuo, donde el criterio para medirla no es el daño social producido, sino las condiciones del sujeto tratado (Baratta, 2004).

En la actualidad, se considera que la escuela positivista italiana sirvió para fundamentar un derecho penal clasista y racista, que le sirvió mucho a los regímenes autoritarios fascistas en Europa, y las dictaduras, para arrasar con los que ellos consideraban indeseables, y especialmente con sus detractores (Zaffaroni; Dias, 2019). Solo era necesario desarrollar una tesis psicológica o sociológica que fundamentara la peligrosidad del enemigo, para utilizar el derecho penal para procesarlo e inocuizarlo (Zaffaroni; Dias, 2019).

Igualmente, el método de estudio propuesto por los positivistas hacía énfasis en la tipología de los delincuentes, más que en la tipología de los delitos, generando un verdadero peligro para el principio de legalidad de los delitos, pues como menciona Zaffaoni (2013), estuvieron a muy poco de abolir la parte especial del derecho penal, pues lo importante, era el tipo de delincuente.

También la escuela positiva fue criticada por los juristas, porque hacía depender el derecho penal los médicos, los psicólogos y los psiquiatras, perdiendo el derecho toda su independencia a la hora de juzgar a los individuos. En otras palabras, el perito, terminaba por establecer la responsabilidad y no el juez penal, contrario a lo que hoy se maneja, donde el perito da un concepto, y es el juez, quien tendrá que valorar la prueba, y valorar jurídicamente la conducta del procesado.

En efecto, los estudios de psicoanálisis del delincuente y del delito, demuestran que los sistemas carcelarios no ayudan a la resocialización del delincuente, y son contraindicados para la psiquis del mismo. Plantean la necesidad de un tratamiento médico, psicológico y pedagógico dirigido a superar el origen psicológico del delito, del cual carecen la mayoría de los establecimientos carcelarios.

El problema del tratamiento psicológico, es que no se puede garantizar en todos los casos un tratamiento curativo para todos los delincuentes, ni la posibilidad de garantizar que el mismo, luego de tratado, no reincida o no represente un peligro para la sociedad. Este argumento lo que generó es que los críticos de esta teoría hicieran prevalecer la cárcel como retribución y como prevención general, más que resocialización, al entender que esta última terminaba siendo infructuosa.

Otro de las críticas que se le hizo al positivismo, eran sobre las medidas de defensa social antes del delito. Teniendo en cuenta los estudios psicológicos realizados sobre el delincuente, se planteaba que así como una cita al psicólogo, se hacía un diagnóstico de un individuo, y se podía seguir un tratamiento, así se podía analizar a un individuo, detectar su peligrosidad y tomar las medidas tendientes a prevenir que un futuro delinquiera. Se podía decir que se trataba de una medida preventiva de los delitos, pero implicaba imponer una sanción a una persona que aún no había cometido ningún delito, lo cual genera una verdadero choque entre la lógica jurídica, y la lógica psicológica, pues esta última, sugiere para que esperar que el delincuente delinca si puedo detectarlo, tratarlo y así prevenir el delito, mientras que el derecho penal, se plantea como la última ratio, y no puede sancionar hasta que no se haya cometido una conducta típica, antijurídica y culpable.

En el campo del derecho penal, sin duda la psicología ha tenido un papel importante en el estudio del comportamiento criminal y de su valoración en lo juicios. En relación con la psicología forense es clara su importancia en temas como atribuir el resultado de una conducta a un perfil psicológico de una persona, o al realizar una perfilación de un criminal a través de sus actos delictivos, y permitir enfocar una investigación sobre un criminal desconocido; la valoración psiquiátrica del investigado y de la víctima, para hallar indicios y comportamientos que los vinculen a un delito.

La psicología también permite determinar si una persona padece de un trastorno mental, y cómo ese trastorno pudo haber influido en la realización del delito, para guiar a la justicia, en la decisión de una mejor consecuencia penal para el delincuente.

Igualmente la psicología propone tratamiento para los criminales y para prevenir delitos, haciendo una dura crítica al sistema carcelario, al considerar que la mayoría de los sistemas fundamentados en la retribución, no funcionan y lo que hacen es destruir la psiquis de las personas que ingresan a una prisión.

1. EL GRAN PROBLEMA DE BASE: EL TRATAMIENTO PENAL DE LOS INIMPUTABLES POR TRANSTORNO MENTAL.

Luego de ver y estudiar varios casos de psicópatas en Colombia (Documentales, 2020), se desprende un gran debate sobre cómo debe tratar el derecho penal a estos personajes que sin duda sufren de varios trastornos mentales en varias dimensiones: por un lado se encuentra el debate de la calle, en las que clasifican todas las discusiones que se presentan en las reuniones sociales y en la actualidad, en las redes sociales que todos los días es más intensa. Estos debates son alentados por los medios de comunicación que a menudo filtran, editan, emiten juicios, proponen debates, agregan información, con estudios y conceptos, pero sobre todo muchas opiniones que enardecen las discusiones.

Pero sobre el tema, también hay dos tipos de debates académicos muy importantes, por un lado el de los psicólogos y los psiquiatras que valoran la conducta de los psicópatas desde el punto de vista clínico, y por el otro, el de los penalistas que buscan dar una respuesta jurídica sobre el trato que deben recibir estos delincuentes.

Yo solo soy abogado y penalista, y por ello solo puedo emitir un concepto jurídico. Ahora bien, ¿Qué puede decir un abogado y un penalista sobre este tema? Lo primero, es que estos casos rompen todo el discurso humanitario de la resocialización de la pena, o el poder de prevención del derecho penal. En primera instancia, el discurso de resocialización se destruye en estos casos, porque científicamente no existe un tratamiento que pueda garantizar la curación de los psicópatas, asesinos en serie, pedófilos y violadores. Así las cosas, no existe ninguna garantía para la sociedad, de que este tipo de criminales luego de pasar por la cárcel, hayan superado sus trastornos mentales y no vuelvan a delinquir. Y en segunda instancia, este tipo de delincuentes actúa por una "necesidad psicológica" u "obsesión", por lo tanto, la prevención general de la pena en ellos es casi nula, pues ellos actúan llevados por un deseo "casi narcótico", el que hacen prevalecer por encima de cualquier obstáculo, incluso que le impongan una cadena perpetua.

En principio se debe tener en cuenta que en Colombia por limitación constitucional, no se podrían las siguientes penas:

Artículo 11. El derecho a la vida es inviolable. No habrá pena de muerte.

Artículo 12. Nadie será sometido a desaparición forzada, a torturas ni a tratos o penas crueles, inhumanos o degradantes.

Por otra parte, el Código Penal clasifica a los delincuentes en dos categorías, por una parte se encuentran los imputables, y por el otro los inimputables. La diferencia entre ambos tipos de delincuentes la define el artículo 33 del Código Penal así:

Artículo 33. Inimputabilidad. Es inimputable quien en el momento de ejecutar la conducta típica y antijurídica no tuviere la capacidad de comprender su ilicitud o de determinarse de acuerdo con esa comprensión, por inmadurez sicológica, trastorno mental, diversidad sociocultural o estados similares.

No será inimputable el agente que hubiere preordenado su trastorno mental.

Los menores de dieciocho (18) años estarán sometidos al Sistema de Responsabilidad Penal Juvenil.

De acuerdo con lo anterior, existen dos causas para que una persona sea considerado inimputable, y son: por un lado, un componente cognitivo, donde se valora la capacidad del delincuente para comprender la ilicitud de su acto; y por el otro, una de carácter volitivo donde se valora la capacidad del criminal, para determinarse de acuerdo con esa comprensión. Y las causas según la Ley, para la afectación de esa comprensión o esa autodeterminación, pueden ser un trastorno mental, una inmadurez sicológica o la diversidad sociocultural, pero también queda abierta la fórmula a otros estados similares.

En el caso de los psicópatas, hay una especie de consenso que dice que los psicópatas sufren de un trastorno que les impide tener empatía con las otras personas, y por lo tanto, se les dificulta sentir los sentimientos y dolores de otro ser humano. Algunos añaden que pueden disfrutar o incluso sentir placer por el dolor de otro. Igualmente se añade que tienden a no sentirse culpables por los hechos que hacen.

En el caso de los agresores sexuales o violadores, existe una categorización que es útil, pues parte de tres perfiles genéricos (Roemer, 2001), aunque debe aclararse que pueden existir otras categorías, que es la siguiente:

a. Delincuentes sádicos, que son los que tienen una personalidad muy agresiva, y por lo tanto, en el caso de cometer delitos sexuales, estos individuos canalizan toda su agresividad con el acceso carnal, es su forma de causar daño o de agredir a la persona con la cual expresan sus instintos violentos. En la guerra de los Balcanes y en Ruanda, una de las formas de agresión generada entre los grupos en disputa, era la agresión en contra de las mujeres, como un duro golpe desmoralizante al contendiente, y era fomentado por el estado de barbarie y violencia que impone la guerra. En Colombia, en el conflicto armado se han reportado casos de violación de mujeres, como una forma de violencia o retaliación a sus enemigos, así se presentaron casos de guerrilleros, de paramilitares y de militares, en contra de mujeres pertenecientes a los otros grupos, o en contra de mujeres que eran cónyuges, o compañeros, o hijas, de integrantes de otros grupos (Roemer, 2001).

b. Delincuentes oportunistas, son aquellos basados en el anarquismo, es decir, no siguen las normas, no tienen sentido de respeto hacia las reglas mínimas de convivencia, así que viven por fuera de la Ley, y les da lo mismo matar, hurtar o violar, solo buscan la oportunidad para satisfacer sus necesidades (Roemer, 2001).

c. Delincuentes con problemas de formación sexual (Roemer, 2001), son personas que han tenido eventos traumáticos en su etapa de formación sexual, son por ejemplo, las personas que han sufrido violación en edades tempranas, hombres con baja autoestima y con problemas de socialización con el sexo opuesto, pedofilia, ninfomanía, exhibicionismo, y otro tipo de conductas que generan algunos trastornos en la conducta, que terminan por afectar el comportamiento, hasta llegar a realizar delitos. Los problemas de formación sexual surgen también, en el caso de los hombres, cuando hay dificultad en mantener relaciones de coordinación con una pareja, y se sienten más cómodos con relaciones de subordinación, en estos casos, los hombres subordinan a sus parejas a través de la violencia, llegando a la violación de las mismas, o en un deseo reprimido, acudiendo a la prostitución, o a la violación de otras personas.

Uno de los problemas de los delincuentes sexuales, es que este tipo de delitos se puede convertir en pasionales, cuya motivación es meramente instintiva o emotiva, a tal punto que no hay forma de que estos delincuentes hagan un análisis racional entre los costos y los beneficios de la realización de un delito, y a falta de dicha ponderación, terminan realizando el delito por una obsesión hacia una persona, que son los casos de los acosadores y de los celosos compulsivos, que terminan agrediendo sexualmente a una mujer, y en muchas ocasiones, matándola por considerarlas como un objeto de pertenencia o un trofeo, que les pertenece a ellos y a nadie más. Los delitos pasionales, son los más difíciles de prevenir, porque al delincuente no le importa que le impongan 50 años o diez cadenas perpetuas, porque al delincuente lo que realmente le interesa es satisfacer sus necesidades. En el caso de los violadores, estos pueden ser perfectamente delincuentes pasionales, cuando lo único que buscan es satisfacer un deseo o un instinto, o una obsesión por alguna persona. Un ejemplo de estos delitos pasionales son los de los esposos que matan a sus esposas por celos, o incluso el caso de Natalia Ponce de León, quién fue víctima de un delincuente obsesionado por ella.

Otro punto que se debe analizar en los casos de los violadores, es determinar si además de psicópatas, se han convertido en asesinos en serie, y ello ya es un tema más complejo. Los asesinos en serie son llamados así por que incurren varias veces en un patrón de conducta delictiva que se puede caracterizar como homogénea. Es decir, el asesino en serie mantiene un mismo patrón para asesinar y convierte su conducta en un ritual. Todos sus actos pueden tener varias características comunes, como son la similitud morfológica de las víctimas, las mismas lesiones, el mismo modo operandi, un arma especial, un patrón de muerte similar, entre otros. Cuando un delincuente sexual se convierte a su vez en un asesino en serie, es mucho más complicado prevenirlo y capturarlo, pues se especializa, y comienza a generar un placer "casi narcótico" por lo que hace, que para él se convierte en un arte, que va perfeccionando a medida que van creciendo sus víctimas. Cuando las autoridades comienzan a seguirle la pista, comienzan a sufrir de un delirio y se vuelven mucho más agresivos y peligrosos para las víctimas y la sociedad en general, pues se convierten en delincuentes pasionales, y todo el que se atraviese en su camino es una amenaza que le impide lograr su objetivo y su obsesión.

Luego de analizar todo este panorama desde el punto de vista social, si el psicópata sufre de uno o varios trastornos que son la base de su comportamiento, el debate que se traslada al campo jurídico, es el de determinar si el delincuente puede ser considerado como inimputable o no.

Si se considera inimputable, con trastorno mental de carácter permanente, se le puede recluir en un centro psiquiátrico hasta

20 años, si el trastorno es de carácter temporal, se puede recluir en un centro psiquiátrico hasta 10 años.

Si por el contrario se le considera como un imputable, puede afrontar penas de prisión hasta de 60 años.

Hasta el momento, todos han sido considerados como imputables, al determinarse por parte de los jueces que todos ellos actuaban con plena comprensión de la ilicitud de sus actos, y por ello, no fueron tratados como inimputables a pesar de ser evidente que sufrían de trastornos mentales. Por esta razón es que no fueron a centros psiquiátricos, sino a la cárcel.

Sin embargo, esta postura no se encuentra libre de objeciones por parte de la doctrina, pues en los casos de psicópatas y otros casos similares, son los trastornos mentales y personales, las causas por las cuales ellos cometen los delitos, pues de no sufrirlos, de seguro no los cometerían, y actuarían como las demás personas.

De acuerdo con lo anterior, los delincuentes con trastornos mentales no requerirían de tratamiento penitenciario dirigido a la resocialización, sino de un tratamiento psiquiátrico que busque curarlos de su enfermedad (Arts. 4º y 5º del Código Penal). Sin embargo, son recluidos en prisión donde nunca recibirían el tratamiento que ellos requieren, y cuando quedan libres por cumplimiento de la pena, hay menos garantías de su posible recuperación y resocialización, y ello es mucho más peligroso para la sociedad.

El gran problema con la postura de internarlos en centros psiquiátricos, es que en el caso de recibir tratamiento médico y se les certifique que el trastorno desapareció, podrán volver a la sociedad libres. Pero, en el caso de los violadores y pedófilos, donde los psiquiatras han manifestado que no existe seguridad de un tratamiento efectivo para curarlos, el máximo tiempo que pueden durar recluidos en un centro psiquiátrico según la Ley es de 20 años.

Ahora bien, de acuerdo con la Constitución y los tratados internacionales de derechos humanos suscritos por Colombia, el fin de la pena debe ser la resocialización del individuo, para que este vuelva a la vida en comunidad, sin embargo, por un lado en la cárcel los delincuentes sexuales no reciben un programa de resocialización tendiente a que vuelvan a la sociedad, pues este tipo de delincuentes requiere de un tratamiento clínico especial que no está disponible en las cárceles de Colombia; y por el otro, los centros psiquiátricos que le podrían brindar un tratamiento a este tipo de delincuentes, no pueden certificar su curación y el tiempo de reclusión es muy corto, para el peligro que estos delincuentes representan para la sociedad.

Así las cosas, considero que el derecho penal en el caso de los violadores y pedófilos no tiene una respuesta satisfactoria, y no puede tratarlos como otro tipo de delincuentes, o como cualquier tipo de inimputables. Se requiere categorizar a estos delincuentes de una forma especial en el Código Penal y tratarlos de una forma más coherente con su situación mental. De esta manera, se requiere:

1) Que reciban una valoración médica de su estado mental.

2) Que se les coloque en un lugar de reclusión donde reciban un tratamiento médico adecuado con su estado mental, pues de lo contrario ni se cumple el fin de la resocialización, ni tampoco se puede intentar su curación, y si ello no es así, cuando cumplan la pena, salen libres a la sociedad con el mismo problema.

3) Y que se les impongan tiempos de reclusión suficientes para neutralizar el riesgo que su enfermedad representa para la sociedad, partiendo del delito cometido, que puede ser como mínimo de 40 años.

4) Por otra parte, el sitio de reclusión no puede ser cualquier centro psiquiátrico debido a que las condiciones de seguridad de estos establecimientos no son los apropiados para mantener recluidos a las personas más peligrosas que pueden existir en la sociedad. Estas personas deben ser recluidas en pabellones de máxima seguridad, para evitar que se escapen de la prisión, y que otras personas atenten contra su vida.

5) La mejor forma de prevención del delito es la agilidad y la rapidez de la captura, investigación y procesamiento de los delincuentes, más que el aumento de penas.

6) Lo cierto es que la discusión sobre la inimputabilidad de estos individuos lleva a la Ley penal a unos tratamientos punitivos que no van acorde con la condición mental de los delincuentes, porque si los trata como personas normales salen de la cárcel y siguen representando el mismo peligro para la sociedad. Y por la otra, no pueden estar en centros psiquiátricos en los que se puedan escapar y donde no exista personal idóneo para saberlos controlar y tratar. En estos casos, la curación no podría ser el único fin de sanción, pues no existe un tratamiento que científicamente garantice que una persona como Garavito no vuelva a delinquir. De acuerdo con ello, la curación no se encuentra aprobada científicamente para este tipo de delincuentes, así que se hace necesario que el tratamiento sea aplicado como una fórmula integrada a su proceso de resocialización, y busca mejorar su calidad de vida, dándole un tratamiento para su enfermedad.

2. DIFERENCIAS ENTRE EL ENFOQUE PSIQUIATRICO Y EL ENFOQUE PSICOLÓGICO.

Teniendo en cuenta el estudio de los delincuentes, y especialmente la búsqueda de las razones por las cuales una persona delinque, se buscaron a partir de las ciencias que analizaban el comportamiento como son la psiquiatría con el estudio de las enfermedades mentales que afectan el comportamiento, y la psicología que estudia el comportamiento humano, analizar y estudiar las causas que llevan a un individuo a delinquir.

Desde el enfoque psiquiátrico se plantea:

"No solo se ocupa de las enfermedades mentales de base somática postulada o conocida, son también de las que son puras reacciones vivenciales anormales; de ahí la distinción que hizo el psiquiatra alemán KRAEPELIN entre psicosis (enfermedades mentales con base somática conocida o postulada, exógenas o endógenas) y neurosis (reacciones anómalas sin base somática) (...)" (Hassemer y Muñoz, 2012)

El problema de dicho enfoque, es que se planteó un concepto de anomalía comportamental relacionada con la criminalidad, que no tenía base patológica y que incluía a la mayoría de los delincuentes:

"... las anomalías eran la mayor causa de las acciones criminales, y que dichas anomalías son más de carácter, que de la inteligencia o de cualquier otra facultad psíquica. Tampoco tienen una base somática. Y los más importante es que se considera a quienes la padecen plenamente responsables de sus actos, a pesar que por su personalidad tiene una tendencia a realizar determinadas conductas criminales." El concepto de psicopatía se convirtió pronto en una especie de concepto de recogida utilizada para incluir y explicar todos los comportamientos anómalos, social o criminalmente hablando, que no son reconducibles a las enfermedades mentales propiamente dichas (psicosis y neurosis) o las oligofrenias (retraso mental). (Hassemer y Muñoz, 2012)

La psiquiatría plantea a los delincuentes como sociópatas, "concibiéndolos como personas con trastornos en su proceso de socialización y en el aprendizaje de los valores sociales básicos, que les llevan a provocar conflictos en la convivencia y, por supuesto a la comisión de delitos." (Hassemer y Muñoz

2012). Ahora bien, si estas anomalías del comportamiento no tienen bases biológicas, éstas se convirtieron en un saco que se llenaba con todo lo que se consideraba una anomalía en el comportamiento.

En la actualidad, la psiquiatría permite detectar la presencia de enfermedades mentales o retrasos mentales en las personas procesadas por realizar delitos, para establecer el tratamiento como imputable o inimputable, para aplicar una pena en los primeros o una medida de seguridad en los segundos, o de establecer una disminución de responsabilidad en los llamados estados de inimputabilidad disminuida, cuando estas enfermedades o retrasos documentados por la lex artis, influyan en las capacidades intelectual o volitiva del delincuente (Agudelo, 2007).

El enfoque psicológico en cambio, se centra "en las facultades psicológicas inmateriales que constituyen la personalidad de un individuo: inteligencia, voluntad, afectividad, pensamiento, memoria, etc." (Hassemer y Muñoz, 2012)

El enfoque psicológico permite estudiar los comportamientos anómalos que no se encuentran registrados como enfermedades mentales o retrasos mentales, que pueden generar comportamientos criminales. Así podemos resumir el enfoque:

> "… la psicología de un individuo depende de su personalidad, es decir de su forma de ser y comportarse en las diversas situaciones de la vida, como producto de un aprendizaje y de un proceso de adaptación al mundo circundante, a través de diversas etapas que comienzan con el nacimiento y continúan durante toda la vida, aunque sea ya en la adolescencia o primera juventud donde queda formada en sus rasgos principales. Durante todo ese proceso evolutivo pueden darse factores (relación con los padres y el ambiente familiar,

escolarización, etc.) que influyan negativamente en la personalidad del individuo, desencadenando fobias, agresividad, problemas de comunicación con otras personas, trastornos de conducta, etc. Los trastornos de personalidad, una vez establecidos de manera permanente, se manifiestan en todos los elementos que configuran la psicología de un individuo, en la inteligencia, en la voluntad, en los sentimientos, en el pensamiento, pero sobre todo en la afectividad y en la capacidad para relacionarse con otras personas, ..." (Hassemer y Muñoz, 2012)

De acuerdo con lo anterior, la psicología nos permite comprender ciertos aspectos del comportamiento criminal, que además de aportar mucho en las investigaciones criminales (criminalistica), y en los juicios, también nos puede ayudar con la prevención de los delitos, y con los tratamientos para los delincuentes a nivel carcelario.

3. EL DELITO Y EL PSICOANÁLISIS DE FREUD.

3.1. BASES DE LA TEORÍA DEL PSICOANÁLISIS DE FREUD.

Sin duda, uno de los pioneros en el estudio de los delitos y de los delincuentes desde la psicología, fue Freud. Jiménez de

Asúa, explica el modelo de Freud del psicoanálisis, que parte de una vertiente filosófica inicialmente planteada por Aristóteles:

> "La teoría del yo, se encuentra basada en la teoría del alma de Aristóteles y relatada por Dante, en donde el alma humana estaba constituida por una estructura de tres pisos: el alma vegetativa, en la base; el alma animal, encima, y, en fin en la cúspide, el alma racional. "Y Dante afirmaba que los hombres privados del alma superior (hoy diríamos el superyó) solo pueden vivir una vida animal egoísta y cruel." (Jiménez, 1982. Pág. 10)

La teoría de Freud, plantea la consciencia humana formada en tres partes, el ello, el yo y el superyó. Por una parte el ello, representa las pulsiones, y exigencias de placer instintivo, genera la tensión hacia el yo, que representa los movimientos voluntarios y se crea los actos racionales. Estos actos racionales tienen como fin la defensa y supervivencia del individuo. El yo bloquea los instintos salvajes que genera el ello, y protege del peligro externo (surgido las fuerzas de terceros o de la naturaleza) y del peligro interno (suicidio, autolesión o acciones que podrían implicar un riesgo para el propio individuo). Luego, el superyó que es la consciencia moral y social, le aporta al yo, límites sociales y morales aprendidos de la familia, el colegio y la sociedad, etc., y reprime al yo para evitar conductas reprochables, y también lo reprende de no haber tomado ciertos riesgos u oportunidades que lo habrían beneficiado.

A partir de esta teoría de Freud, Jiménez de Asúa explica que la constante lucha entre el ello, el yo y el superyó, son la causa del delito: "El delito supone un fenómeno de inadaptación social en que la parte ancestral de la personalidad anímica vence al superyó." (Jiménez, 1982. pág. 9)

> "El hombre según Freud, viene al mundo como un ser asocial, con tendencia al crimen, producida por sus impulsos de dar satisfacción a sus instintos; es decir

como un ser socialmente inadaptado. Los hombres normales logran reprimir o trasformar, en el sentido social sus pulsiones delictivas, mientras que en el delincuente se frustra ese proceso de adaptación. (...) La criminalidad es, por tanto, según esta doctrina -fuera de los casos limítrofes- no una tara de nacimiento, sino un defecto de educación." (Jiménez, 1982. pág. 51)

De esta forma, el superyó emerge como el control social sobre el individuo, representado por el padre y las demás figuras de control, como la familia, el colegio y la sociedad, tendientes a frenar los impulsos básicos y con ello, las agresiones y conductas delictuales:

"La adaptación social, que consiste en la limitación de los propios impulsos de goce en beneficio de la comunidad, resulta de la formación del superyó. El padre y las otras autoridades que se encargan de nuestra educación, que levantan una barrera a la existencia de las agresiones infantiles, acaban por identificarse con el yo del niño y producen allí, actuando como instancia inhibitoria (conciencia), la represión de las exigencias instintivas contrarias a la sociedad. En caso de que esas autoridades paternas no fueran, por determinadas causas, capaces de construir un modelo idóneo de dominación social, solo se lograría por desarrollo natural y espontáneo en el propio sujeto, la fuerza moral inhibitoria, análoga a la de aquel superyó introyectado, pero de modo más imperfecto." (Jiménez, 1982. pág. 80)

En el caso del delito, se plantea que a partir del complejo de Edipo, que significa el deseo por la madre y el odio hacia el padre, se genera un proceso defectuoso de asimilación del superyó, en el cual, el papel del padre de corrección e instrucción, normalmente pasa de odio, al amor y admiración, pero cuando no se supera, continúa el odio, que genera una actitud de venganza, rebeldía, y agresión en contra de todo lo que represente al padre o a cualquier figura de autoridad. En el caso de la mujer, el complejo de Electra, genera admiración hacía el padre, envidia hacia la madre, e igualmente una reacción agresiva, rebeldía y venganza a lo que pueda representar lo que ella, odiaba de la madre.

Este complejo de Edipo, parte del mito, en el cual, el hijo mata a su padre y desposa a su madre. Este complejo se encuentra relacionado con el complejo de la castración, según el cual, el barón teme ser castrado por su padre y tiene una actitud de resistencia hacia la figura paterna. Y la mujer al creerse nacida castrada, culpa a su madre por haberla creado imperfecta, por lo cual genera resistencia hacía la madre. El complejo de castración genera según Freud el sentimiento de culpa instintivo que es la fuente de las neurosis, que a su vez se pueden convertir en conductas delictivas, si el superyó no las censura, y el yo, no las reprime.

Cuando el superyó no logra formarse, o se forma muy débil, el individuo no logra contener su comportamiento dentro los parámetros sociales. En síntesis, los complejos de Edipo, de Electra y de castración generan las neurosis, y un sentimiento de culpa, que generan un determinismo a la agresividad hacía lo que represente su complejo, o una necesidad de ser castigado, por sentirse culpable y despreciable. Así entonces, el sujeto agrede a alguien a quién identifica como su padre, y descarga todo su odio contenido hacía él. Otra forma, es cuando del mismo complejo, se siente culpable, y siente que debe ser castigado, por tanto, realiza un delito para cumplir con este sentimiento.

Hay que aclarar, como también lo hace Jiménez de Asúa, que no se puede abusar del complejo de Edipo, buscando todas las explicaciones de los delitos a través de dicha tesis. Y para ello, cita al Dr. Adler quien rechaza, en orden al crimen, los postulados del psicoanálisis, al "considerar la criminalidad como un autocastigo, o juzgarla consecuencia de las formas primitivas de la perversión sexual infantil (haciendo intervenir tal vez hasta el mismo complejo de Edipo), son procedimientos fácilmente refutables, una vez que llegamos a la comprensión de que el hombre, a quien encantan las metáforas que se le presentan en la vida real, se deja prender con demasiada facilidad en los lazos de símiles y comparaciones." (Jiménez, 1982. Págs. 257-258)

Sin embargo, si hay que reconocer en las tesis de Freud, que el crimen ya no es entendido como un mero concepto legal o social, sino que "es una respuesta a un llamamiento interior, que no puede ser satisfecho por ningún otro acto de la conducta humana." (Jiménez, 1982, págs. 259-260)

3.2. EL PSICOANÁLISIS Y LOS DELINCUENTES NEUROTICOS

Son tal vez los delincuentes más complejos de explicar, pues parten de sentimientos de culpa y de reproche, de angustia y ansiedad, que generan comportamientos que se reprimen, sin embargo, se supone que todas las personas pueden tener esos comportamientos neuróticos, como lavarse las manos constantemente, no pisar las líneas en el suelo, comprobar si cerraron bien la puerta de la casa, contar cosas constantemente, tener cosas en pares, conservar un orden de las cosas, no salir de un lugar después de determinada hora, en fin, tener un ritual constante para realizar determinado acto, que cuando no se cumple se frustra.

Según el psicoanálisis también pueden existir delincuentes neuróticos, que en vez de realizar algún acto repetitivo como los que acabo de mencionar, realizan un delito, como forma de liberar su frustración, su ansiedad o su culpa.

> "El enfermo neurótico y el delincuente neurótico son en el fondo lo mismo, aquel manifiesta autoplásticamente la tensión entre las pulsiones inconscientes y las fuerzas reprimidoras en síntomas neuróticos morbosos; éste, por el contrario, transforma esa tensión aloplásticamente en el acto delictivo de la realidad. Lo que el neurótico hace por representación en el dominio de los síntomas inofensivos lo ejecuta el criminal en acciones reales delictivas." (Jiménez, 1982. pág. 47)

En el caso de los delincuentes neuróticos, la pena o castigo, es una forma de liberarse, y en vez de curarlo, lo que hace es reafianzar su patología, haciendo que reincida para volver a ser castigado.

> "Los mecanismos del dolor corresponden a veces a un sistema neurótico, ya que se busca el dolor real para librarse moralmente del sentimiento de culpabilidad, o se vinculan al carácter psicótico, porque el dolor se vive imaginativamente, mediante la proyección de culpabilidad."(Jiménez, 1982. Pág. 69)

El neurótico engaña al superyó, al considerarse culpable y merecedor del castigo, muchas veces sin una razón justificable. Se considera a si mismo como despreciable y comete un delito para ser castigado. De ahí que se vea cómo confiesan ser culpables, sin que se lo hayan pedido, dejan evidencia en la escena para ser identificados, se entregan sin resistencia, y no aceptan ninguna rebaja a su acto, ni su condena, pueden incluso alegar ser inimputables, pero se niegan a ello.

> "El yo es ganado para la ejecución del hecho por especiales mecanismos neuróticos, que relajan su dependencia del influjo inhibitorio del superyó, que le engañan, ocultándole el verdadero sentido de la acción y de sus motivaciones." (Jiménez, 1982. Pág. 68)

Parece difícil considerarlo así, pero uno de los ejemplos de los delincuentes neuróticos son los delincuentes de cuello blanco, que incluyen los estafadores, los delincuentes empresarios y los corruptos:

> "Los estafadores ("caballeros de industria") cuya conducta se interpreta como un síntoma neurótico originado en el narcisismo de la infancia. El sujeto necesita el lujo, la vida de alta sociedad en que esos delincuentes se mueven." (Jiménez, 1982. Pág. 79)

Según esta postura, el complejo de superioridad desarrollado en la niñez por estos delincuentes, los hace propensos a delinquir para mantener un estatus y dinero, engañando al superyó, ocultándole el verdadero sentido de la acción y de sus motivaciones. El tema sobre este tipo de delincuente, es cuál sería el dolor que buscan reprimir al estafar, ¿el de no tener riquezas? O ¿el de no tener poder? ¿De tal dolor, se generaría la culpa de haberlos obtenido ilegalmente? ¿Y ello generaría la necesidad de estafar y estafar para mantener calmada la frustración? Sin embargo, habría que diferenciar entre el estafador crónico o profesional, que tiene un superyó criminal, del estafador neurótico, que realiza un gran engaño para obtener lo que no tiene (riqueza y poder) y le causa dolor, y luego de haber realizado la gran estafa, su sentimiento de culpa lo lleva a entregarse para ser castigado.

3.3. EL COMPLEJO DE EDIPO EN LOS DELINCUENTES POLÍTICOS

El complejo de Edipo se desarrolla en gran manera en los delincuentes políticos, pues este tipo de delincuentes, van en contra del Estado, quién representa el odio hacia el padre, y sus leyes:

> "El complejo de Edipo, violento y no liquidado, lleva a la transferencia de las tendencias parricidas, que se convierten en una oposición contra los soberanos y sistemas gobernantes. Tras esta persistencia de la pulsión parricida se esconde un impulso destructivo, generalmente oral; se busca secundariamente una representación psíquica en los ideales extremistas, cuya dirección cambia a menudo, en forma sorprendente, pero explicable por su carácter secundario. Histéricos y neuróticos obsesivos se encuentran y destruyen juntamente con sus programas e idearios." (Jiménez, 1982. Pág. 87)

Estos delincuentes según Jiménez de Asúa, son de dos clases, el primero, el histérico que tiende al radicalismo, pero se cambia de bando fácilmente, y el otro, es el neurótico, que es radical, y sostiene su posición hasta el final.

> "Entre los revolucionarios se hallan los dos extremos del carácter histérico y de la neurosis obsesiva. El histérico juega con distintos radicalismos y con regresiones. El neurótico obsesivo permanece siempre extremista y se hace más radical cuando más viejo es. (…) El neurótico obsesivo odia al histérico, que, según él, adultera e impide todas sus concepciones." (Pág. 87)

Sobre el histérico y el neurótico se dan como ejemplos, a Dantón como neurótico, y Roberpierre, como histérico:

> "Wittels acude a los ejemplos de Danton y Robespierre. El primero hace la revolución con entusiasmo, pero luego se cansa y desilusiona. Robespierre, en cambio, fue

primero monárquico, y acaba llegando a la conclusión de que había que matar a cien mil aristócratas." (Jiménez, 1982. Pág. 87)

En cuanto a los delincuentes políticos, podemos encontrar por una parte, a neuróticos con los cuales es muy difícil de negociar, por sus posturas radicales y por su oposición, desconfianza y rechazo de la postura estatal, generando realidades alternas y sus delitos -secuestros, homicidios, violaciones, etc.- se encuentran justificados para mantener sus ideales. Y por la otra, a los histéricos, a los que los negociadores gubernamentales buscan persuadir de cambiar de lado, para alcanzar un acuerdo, reduciendo a los neuróticos en número en la votación favorable hacia un acuerdo, estos pasan de un lado a otro, sin coherencia, pero siempre radicales en sus posturas discursivas, y también sustentan sus delitos en favor de unos ideales radicales, que pueden abandonar intempestivamente.

Estos ejemplos, nos colocan en el campo político, y de las complejidades que en el se mueven. Así podemos encontrar a los neuróticos, a opositores radicales del gobierno, sin necesidad de ser delincuentes políticos, como por ejemplo, Congresistas, líderes de la oposición política, diputados y concejales, que con sus posturas radicales adhieren adeptos en las democracias y se radicalizan más, generando una realidad alterna, dentro del mismo pensamiento que en principio surge como una minoría, al estar en contra del convencionalismo, y la crítica radical al establecimiento actual. Al ir en contra de lo convencional, recrean una realidad alterna que alterna verdad y mentira, realidad y fantasía, crean utopías, sueños y quimeras alternativas, acompañadas de fuertes críticas al establecimiento social.

También en el campo político democrático encontramos el tipo histérico que pueden cambiar de bando sin coherencia, y temporalmente, encontrándose en un partido en un tiempo, y luego de un tiempo, pasar a otro, con posturas muy distintas.

Al parecer el oportunismo, les permite cambiar de bando de acuerdo a las circunstancias, pero siempre sustentan una posición radical, y por su compulsión, y tendencia al parricidio, pueden sustentar una posición en contra del Estado, y luego de un tiempo, pasar al bando opuesto sin ningún problema. Cuando van en contra de la convencionalidad impuesta por la sociedad y del Estado, también recrean en sus discursos realidades alternas como lo hacen los neuróticos, solo que al cambiar de bando, anulan todo lo que dijeron inicialmente, y caen en la incoherencia y la contradicción, sin embargo, en su radicalismo se justifican o niegan sus contradicciones.

El efecto de estas realidades alternas, pueden explicar fenómenos como el fanatismo religioso -como el de los islámicos y cristianos- y el fanatismo político -como el del fachismo y el comunismo-. Los líderes crean realidades alternativas, que engañan el sentido lógico del lóbulo izquierdo del cerebro, y hacen recrear al lóbulo creativo, el derecho, una realidad agradable, viable y admirable, haciendo que la parte instintiva del cerebro, reaccione con felicidad y relajación, y por ello, se apruebe la idea. Y a su vez, crean ideas adversas y realidades negativas frente al estamento o a lo establecido, influenciando al sentido lógico del lóbulo izquierdo, y haciendo que el lóbulo derecho que es el creativo, proyecte una realidad pesimista y negativa del gobierno, haciendo que la parte instintiva del cerebro, reaccione con miedo y tristeza, desaprobando lo que hace el Estado y la sociedad actual. Esa es la base del discurso fanático y es la base del discurso de odios, y del derecho penal del enemigo.

3.4. EL PSICOANÁLISIS Y LOS DELINCUENTES PASIONALES

Los delincuentes pasionales son aquellos que estallan en un ataque de ira contenida por hechos ocurridos en su infancia, y hacen transferencia de esa ira, en contra de sus víctimas, por identificar en ellas por circunstancias reales o imaginarias, a las personas o circunstancias que son fuentes de su ira.

> "Un hombre semejante intenta siempre aprovecharse de un modo inconsciente de todo infortunio que le ocurre en la vida para descargar la tensión pulsiva causada por la imperfecta represión de los movimientos hostiles (agresiones), a fin de suprimir esa tensión, restableciendo, por decirlo así, el equilibrio económico en el gobierno de la casa anímica. La justificación de la descarga instintiva ante su propia conciencia se produce por este mecanismo: el sentimiento de culpabilidad que frena insuficientemente el impulso agresivo rechazado, halla en aquel instante su compensación en el padecimiento de sufrimientos y agravios, que se imputan finalmente, con más o menos éxito, a la víctima sin culpa, que resulta así culpable de la explosión afectiva y del acto delictivo." (pág. 81)

Así es que en estos casos, el subconsciente engaña al superyó que se relaja, y en vez de aparecer una censura al hecho, para que el yo suprima la conducta, lo justifica, como una forma de aliviar la tensión y la culpa:

> En todos los delitos afectivos (o pasionales) se observa - según Staub- un proceso semejante: una debilitación de la fuerza moral inhibitoria, debida ordinariamente a las vivencias de la primera infancia, que por la presión de los sentimientos de odio (agresiones), reprimidos enconados, y solo imperfetamente sujetos por frenos insuficientes, presión causada por los sufrimientos y agravios padecidos, conduce finalmente, por medio de la

proyección de culpabilidad, a levantar la represión y a producir la descarga de las agresiones." (pág. 81)

De esta manera, hechos de maltrato, abusos y violencia, quedan grabados en el individuo, como una ira contenida, con deseos de venganza, esperando una oportunidad, que se presenta, en eventos que detonan el recuerdo y la reacción de violencia contenida a lo que el individuo en su inconsciente, recrea como una manifestación de un agravio ocurrido en el pasado, y que no está dispuesto a volver a tolerar.

En estos delitos, el odio hacia el padre o hacia la madre, se proyecta en la víctima, y se traduce en una descarga de violencia desproporcional o exagerada para el hecho generador.

De ahí que este tipo de delincuentes sienten que el delito los libera de sus deseos reprimidos, y que el castigo disminuye su sentimiento de culpa.

Los asesinos sádicos se activan con la ira, que se desencadena con un evento, del cual se deriva una agresión incontrolada. Los celos se generan del miedo al abandono, que puede estar relacionado al abandono del hogar realizado por alguno de sus padres durante su niñez. Ese miedo al abandono, puede generar una reacción desmedida, una agresión física hacia esa persona que amenaza con abandonar, generando una proyección de ese temor, de la realidad del dolor por el abandono de su padre o madre.

El maltrato de padre o madre hacía su hijo, también puede generar ese sentimiento de rencor y de venganza reprimidos, que cuando se proyectan en circunstancias o hechos del presente, desencadenan una violencia desmedida y desproporcionada, donde el sujeto reacciona frente a lo que el considera una ofensa de su pasado en el presente, que debe aniquilar o de la cual se quiere vengar. La víctima desafortunada, recibe toda la ira contenida del victimario, de injusticias y agresiones sufridas en su pasado.

3.5. DELINCUENTES CON UN SUPERYO CRIMINAL

Delincuentes naturales o profesionales, se crían en el delito, son ejemplos de ellos, los corruptos y los pertenecientes a organizaciones criminales. En estos delincuentes, el superyó se encuentra en una inversión de valores, pues el delito es su fin máximo. Así las cosas, entre más delitos hagas eres mejor, por ejemplo, un ladrón es bueno, entre mejor haga su trabajo: robar. Un estafador es bueno, entre mejor engañe y no se deje atrapar. Lupin, es un gran ejemplo, de un ladrón que es bueno, por sus hazañas y por realizar robos increíbles.

> "Estos individuos están adaptados a una sociedad especial, con moral propia, que pudiéramos decir moral criminal, distinta a la moral dominante. Por eso su personalidad se identifica por completo con la conducta. Pudiera afirmarse que el hecho es adecuado y hasta superadecuado al yo." (Jiménez, 1982. Pag. 70)

Encontramos personas con ese superyó criminal, cuando manifiestan sin remordimientos que su principal aspiración es ser el mejor ladrón del mundo, el mejor estafador del mundo, el mejor asesino del mundo, y muy a su manera el mejor corrupto del mundo. Todos comparten una aspiración delincuencial, contraria a los valores, y para ellos, el superyó los reprime por no serlo o no lograrlo.

Así podemos encontrar niños en las comunas, favelas o barrios de las periferias, que quieren ser como los mejores pandilleros de sus barrios, y a ser mejores que ellos, robando, traficando y viviendo una vida, totalmente contraria a la legalidad. También podemos encontrar a hijos de políticos poderosos y corruptos, que quieren seguir los pasos de sus padres, y superarlos, en poder y en dineros.

En los casos de bandas criminales, muchos jóvenes que se unen a ellas, invierten totalmente sus valores, pues entre más delitos cometan, más valorados son, mejores recompensas logran y mayor respeto le profesan, y la forma de ir escalando en esas organizaciones criminales, es entre más despiadados y más proclives al crimen sean, por lo cual, lo ilegal para ellos, es sinónimo de valor y orgullo, y no de vergüenza y de reproche.

Así las cosas, las películas que recrean al delincuente como un héroe, y a la policía como delincuentes, son típicos ejemplos de fomento de antivalores como valores, que conducen a la formación de un superyó criminal.

En sociedades como la colombiana, donde impera el crimen organizado, las bandas criminales, las pandillas de barrios, y los grupos armados al margen de la Ley, se puede entender, como el superyó criminal aflora en la juventud que crece en los barrios de la periferia, en las selvas o en los campos pobres, donde la educación escolar no llega, y donde el mejor modelo a seguir, es el criminal más desalmado de la zona.

De esta forma cuando la pobreza y la ignorancia representan más del 50% de la población, se puede decir que los criminales con un superyó delincuente, representan la gran mayoría, y que ello, genera serios problemas de control social, toda vez, que se requiere reemplazar los parámetros del superyó delincuente, por un superyó social, y ello, en principio no va a ocurrir si no se superan las condiciones sociales de pobreza y de ignorancia, que generan la inversión de los valores en los barrios, los campos y las selvas, sometidas a la delincuencia, y si en las cárceles, no se hace otra cosa que aislar a los delincuentes, sin tratar de modificar ese superyó delincuente.

3.6. LOS PSICOPATAS DESDE EL PSICOANÁLISIS.

De acuerdo con algunos autores del psicoanálisis, el psicópata es una persona que no desarrollo el superyó, y que se deja llevar por sus instintos más básicos:

"... es preciso hacer una distinción entre el criminal neurótico y el criminal psicópata, puesto que en el criminal psicópata puro los actos delictivos no son una consecuencia de conflictos psíquicos, sino una libre exteriorización de la personalidad fálico narcisista." (Jiménez, 1982. pág. 48)

En este orden de ideas, el psicópata no tiene el conflicto entre el yo y el superyó, y su comportamiento delictivo se origina del demostrar su superioridad frente a la sociedad y frente a la víctima.

Otra postura del psicoanálisis del psicópata es la siguiente:

"Los actos delictivos del psicópata criminal pueden compararse a los actos de un perverso sexual, los que, sabemos, no son una exteriorización pura y libre de un instinto parcial, sino que son consecuencias de represiones y de otras elaboraciones psíquicas de los instintos, a consecuencia de la actuación del superyó." (Jiménez. 1982. Pág. 49)

De acuerdo con esta postura, el psicópata no es que deje libre sus instintos, y que no tenga un superyó, al contrario, el superyó se crea de forma anómala, y produce unas represiones tan fuertes, que el psicópata se siente liberado al realizar el delito, por lo que su conducta obedece a un acto de rebeldía frente a la represión que el siente interiormente.

> "... la teoría psicoanalítica afirma que aun antes de la creación del superyó el individuo fálico (si es que este individuo existe en estas condiciones) reconoce la existencia inhibidora del mundo exterior y no satisface sus instintos en plena libertad, como lo demuestra también la existencia en él de temores." (Jiménez, 1982. pág. 49)

Así las cosas, es de considerar que el psicópata en efecto si tiene un superyó, teniendo en cuenta es capaz de tener una doble vida, donde en una sigue los parámetros de la vida en sociedad, y en la otra comete delitos con la finalidad liberadora de su personalidad.

También se puede decir, que sí padece de conflictos psíquicos, pues comete los delitos como una forma de rebeldía en contra de la sociedad que no lo comprende y que él no comprende - debido a su incapacidad de empatizar con otros-, por lo que reacciona a una represión interna y externa, a través del delito.

Ahora bien, a diferencia de otros criminales, el psicópata si tiene un componente narcisista, dirigido a demostrar su superioridad frente a la victima a la cual agrede sin consideración, demostrándole así que es superior y que está vencida y humillada. Igualmente, el comportamiento delictivo del psicópata tiene la finalidad de demostrar su superioridad a la sociedad, enviando un mensaje de mira todo lo que hago y no eres capaz de hacerme nada, no puedes enfrentarte a mí, o no puedes atraparme.

De ese trastorno narcisista se deriva el hecho, de darse un nombre importante, de que no lo confundan con otros que el considera inferiores, que no digan lo que realmente ocurrió y que le resten importancia a sus actos, o le quiten el factor de inteligencia o creatividad de los mismos. ¿Quieres provocar a un psicópata? Ataca su ego.

3.7. EL DELINCUENTE SADOMASOQUISTA Y EL PSICOANÁLISIS.

El sadomasoquista es una clase de delincuente que debido a un conflicto interno, busca ser castigado, busca infringirse un castigo o un dolor:

> "los casos llamados de delirio de autoacusación -en los que el sujeto pide a gritos ser castigado y torturado- o en el delirio de persecución en el que el superyó se exterioriza e inflige a la consciencia yoica el castigo que su individualidad merece por su perversidad subconsciente (homosexualismo reprimido). Si a veces el perseguido se torna perseguidor y realiza un homicidio o una agresión en inocente transeúnte, ello se debe a que el impulso tánico (alimentado por la tendencia sádicomasoquista) consigue proyectarse al exterior, descargando así el sujeto en forma de rabia vengativa el potencial insatisfecho de su pervertida libido." (Jiménez, 1982. Pag. 43)

Son casos extraños de conflicto interior, en los que el superyó genera un sentimiento de culpabilidad, generando ansiedad, y con ello, terminan realizando un delito para ser castigados y aliviar ese sentimiento de culpa.

"...se refiere de preferencia al grupo de criminales que habiendo cumplido su condena reinciden en el delito. (...) se ve la misma ingenuidad y resignación, percibiéndose que el delincuente no trata de evitar el castigo, como si el ya sufrido le hubiera reportado algún beneficio. Hace notar también que si se insiste para que exponga los motivos de sus actos, se muestran confundidos y buscan cualquier respuesta..." (Jiménez, 1982. Pág. 43)

En esta clase de delincuentes, al parecer buscan la pena como una forma de autoflagelación. Así por ejemplo, hay personas que disfrutan sentir dolor, y en las prácticas sexuales, disfrutan infligir dolor o que le inflijan dolor, y ello dentro de los limites del consentimiento no generaría ningún problema, pero en el caso de un criminal, este realiza el delito, para recibir un castigo, dado su conflicto interno, que le genera el sentimiento de culpabilidad, y un deseo de autodestrucción.

"Además, un hecho importante tantas veces observado es la comprobación de que, casi siempre el delincuente, aún en el de más alto nivel intelectual, comete alguna torpeza en la realización del acto delictuoso como invitando a su arresto y castigo. Muchos criminales han confesado que al cometer el delito sentían una mezcla de sentimiento de gozo y angustia y luego una compulsión a repetirlo como si se hallaran arrastrados hacia el desastre." (Jiménez, 1982. Pág. 44)

Y también se explica en un ejemplo: "este punto explica el por qué muchas de las supuestas brujas -infieles menopáusicas con deseo de ser poseídas- confesaban culpas no cometidas y morían torturadas y arrepentidas, pero satisfechas de acercarse así al Padre (Eterno)." (Mira, citado por Jiménez, 1982, pág. 43)

En estas personas se menciona que la pena no surte mucho efecto, pues reafirma su condición patológica, pues ellos quieren recibir un castigo para aliviar su sentimiento de culpa:

"... en estas personas el castigo contribuye a traumatizarlas y a agravar el mal que se pretender curar, que impide la reforma y sólo produce en algunos casos una temporal mejoría de los síntomas. Además, frecuentemente, tiende a crear una sanción moral que permite futuras satisfacciones prohibidas."

En tal sentido, se menciona también, que a este tipo de personas, se sugiere, que es mejor no sancionarlas, para que busquen una solución diferente a su conflicto interno.

Se plantea también un punto interesante, y es la relación existente entre los dictadores, su crueldad y su falta de satisfacción amorosa plena, y se menciona "Quizás la historia de la humanidad se habría cambiado si alguno de sus actuales dirigente hubiesen podido entregarse libremente a su patológica tendencia sexual." (Mira, citado por Jiménez, 1982. Pág. 43). Lo que sugiere esta afirmación, es que los dictadores más crueles, debían su sadismo, a esa culpa reprimida por no conseguir la satisfacción amorosa plena, y al parecer no se castigaban a sí mismos, sino que disfrutaban castigando a otros, y esto sería una forma de sadismo diferente, al anteriormente explicado, en el que el delincuente, en este caso el dictador se desquita de su propia culpa sometiendo y humillando a otro, de forma cruel y despiadada. Esto sería al parecer el fundamento también de los torturadores, los secuestradores y los que practican la desaparición forzada.

3.8. DELINCUENTES PRESOCIAL, ANTISOCIAL Y ASOCIAL, SEGÚN EL PSICOANÁLISIS.

Una clasificación de delincuentes realizada por el psicoanálisis, en la que los agrupa en presociales, antisociales y asociales, puede ser de mucha utilidad, para entender de forma general el delito y los delincuentes desde esta perspectiva particular.

Los primeros, los delincuentes presociales, son una especie de personalidad débil, tienen un superyó también débil, por lo que son prácticamente arrastrados por otros delincuentes al crimen, o sucumben ellos solos, ante cualquier tentación del delito, pues el superyó no alcanzó a establecer las barreras sociales y culturales necesarias para resistir alguna tentación o sugestión de un tercero para cometer un delito. Esos individuos tienen un superyó infantil y un yo débil para controlar las tendencias del ello, ante las que sucumben muy a menudo.

> "El tipo presocial comprende individuos inmaduros y fácilmente sugestionables que vacilan en depender tanto de los ideales de la mayoría como de los de la minoría de la sociedad." (Jiménez, 1982. Pág. 76)

Tratan de conseguir favores de las autoridades y traicionan a sus compañeros. No se comprometen, son vacilantes y cambiantes, pues no tienen un carácter que les permita resistirse a las tentaciones, o tener una postura sostenida sobre determinada situación.

Los delincuentes presociales pueden ser el resultado de un hogar en el que los padres son débiles y sin carácter, y la madre es dominante. "El resultado parece ser el fracaso de la identificación paterna y la persistencia emocional del individuo en una etapa infantil." (Jiménez, 1982. pág. 77)

Los presociales también pueden surgir de hogares en los que los padres son muy fuertes, y madre débil y tímida, no se produce una identificación con el padre, y queda en estado de dependencia pasiva y femenina frente al padre. (Jiménez, 1982. Pág. 77)

En síntesis, los delincuentes presociales no forjaron su carácter, y por ello, son personas inmaduras y fácilmente sugestionables, y por ello, se dejan arrastrar por la vida, carecen de autonomía, coherencia y compromiso, y pueden ser arrastrados al crimen por terceros, o sucumben a cualquier tentación de realizar uno por su propia cuenta.

Un ejemplo de esta clase de delincuentes son los delincuentes callejeros de poca monta, que representan una inmadurez absoluta en su forma de vivir, el delito es para ellos una diversión o un entretenimiento. Les da lo mismo asaltar a un pequeño establecimiento comercial, o asaltar a una abuelita, o quitarle un dulce a un niño. Sus delitos denotan su falta de consciencia social, son unos irresponsables inmaduros. También se puede citar como ejemplo, el accionar de una pandilla de barrio, conformada por menores de edad, que agreden, humillan o insultan a personas por pura diversión. Aunque la inmadurez esta dada por la edad, existen personas mayores de edad, con la madurez de un niño, y ellos también son delincuentes asociales.

Por otra parte, se encuentra el delincuente antisocial, es aquel que teniendo una educación muy estricta o tiránica por parte de un padre (madre), genera una resistencia absoluta a la sociedad o al convencionalismo impuesto. Defiende su posición a ultranza, y por tanto, también el castigo como consecuencia de suposición.

El padre es fuerte y brutal, y el trata de apaciguarlo, hasta que se revela con ayuda de otros, y puede desarrollar su permanente actitud de desafío.

> Tipo antisocial, no experimentan culpa, están siempre dispuestos a lucha contra la autoridad y son capaces de hacer cualquier sacrificio y aceptar todo castigo en defensa de sus ideales (Jiménez, 1982 pág. 77).

Son ejemplos de este tipo de delincuentes, aquellos que cometen el delito como forma de protesta a la sociedad, y lo soportan en sus ideales. Roban porque existe mucha pobreza y los ricos no se compadecen de los pobres. Matan a personas despreciables y que hacen mucho daño a otras personas. Son corruptos porque las cosas funcionan así, porque el vivo, vive del bobo. Luchan contra las injusticias de la sociedad, contra la corrupción del Estado, contra las clases oligarcas, y para combatir un mundo podrido y desigual.

De esta forma, un ladrón que se autoproclama como un Robín Hood de los pobres, o los guerrilleros y rebeldes que secuestran a personas ricas que ellos consideran como causantes de las injusticias, para que paguen parte de lo que se roban. Los pandilleros de un barrio que se creen los héroes de la comunidad al mantener un orden que la policía corrupta no logra, y que defienden a la comunidad de otras pandillas.

Por último, se encuentra el delincuente asocial, que es el que todo lo mira como un negocio, es el delincuente sin freno alguno, y que satisface sus instintos. Tiene un superyó débil y un yo muy desarrollado, pues se adaptan a las situaciones para sacar provecho.

> Tienen un yo muy fuerte, puesto que son capaces de calcular hábilmente lo que más les conviene y modificar o inhibir las tendencias del ello de acuerdo con la realidad. (Jiménez, 1982 pág. 78)

> Tiene un complejo narcisista, al no haber sido puestos en su lugar por la madre, creen que por miedo de la agresión pueden conseguir siempre lo que desean (Jiménez, 1982 pág. 78).

Son ejemplos de estos delincuentes los líderes de las organizaciones criminales que ven en el tráfico de drogas o el tráfico de personas un negocio y no un acto abominable. Son las organizaciones criminales que se dedican a matar personas a cambio de una paga de un servicio. Son las organizaciones criminales que extorsionan a los comerciantes, y los ven como meros ingresos de las organizaciones, y se preocupan cuando la gente no paga, aumentando la agresividad en las extorsiones para que la gente cumpla. Son los políticos corruptos que ven en los fondos públicos como suyos, y la función pública como una forma de enriquecerse, más que servir a la sociedad, el corrupto que observa el presupuesto público, como parte de su patrimonio, y una forma de pagar sus compromisos políticos.

3.9. LOS DELITOS CULPOSOS PARA EL PSICOANÁLISIS

Los delitos culposos, según el psicoanálisis son delitos producto de una actitud inconsciente:

> "Las conductas de este tipo se producen cuando el yo está con la atención fija en una cosa distinta de la ocupación real que el sujeto emprende, en cuyo caso cualquier tendencia criminal inconsciente llega a desbordarle. El yo rechaza por completo el acto ejecutado en estas circunstancias, en que han triunfado por inadvertencia del consciente, las tendencias ocultas del ello." (Jiménez, 1982 pág. 72).

Ahora bien, es claro que en un delito culposo no existe intención de causar un daño, y por regla general, siempre es rechazado por el individuo que comete el hecho (por regla general médicos y conductores), quién irónicamente siempre preguntan, por qué los van a culpar, si fue sin culpa, o sin intención.

El profesor Juan Andueza (citado por Jiménez, 1982 pág. 72), explica:

> "En realidad, tratándose de la criminalidad por imprudencia, resulta una completa novedad atribuir el hecho a una intención inconsciente, en lugar de achacarlo a mera distracción, negligencia o fatiga, como hasta ahora. (…) Pero sabe que para el psicoanálisis nada es fortuito y todo es determinado. (…) Las legislaciones actuales, según sabemos, castigan el hecho, no por sospechar que pueda en el fondo corresponder a mala intención oculta, sino porque la trascendencia dañosa de la omisión hace particularmente censurable la imprevisión negligente que vive en sociedad y ha de cuidar de no dañar a los demás."

De esta forma, encontramos a la culpa o el delito culposo, como un hecho que el yo racional no previó, sin embargo, dicho concepto, deja al margen en aquellos casos, donde el individuo si previó la situación riesgosa, pero no su resultado, que se produjo por un error de cálculo. En ese sentido, el actor si tiene al yo concentrado en el acto que está ejecutando, solo que esta convencido que no se va a producir ningún resultado adverso, o que espera que de acuerdo con sus cálculos no se produzca ningún daño. En este punto, el lado lógico del cerebro, realiza un calculo de lo que debe ocurrir, donde según el la posibilidad de errar es mínima, y yerra en el resultado, sin embargo, al realizar el cálculo, el lado creativo del cerebro proyecta lo que va a ocurrir, y toma la decisión de tomar el riesgo, que se traduce en una conducta culposa, donde nunca se acepta el resultado, a pesar de ser previsible.

3.10. LA CULPABILIDAD PARA EL PSICOANÁLISIS

En la teoría de Freud, el sentimiento de culpa se genera a partir del complejo de Edipo, que incluye incesto, parricidio y canivalismo, generando un sentimiento de culpabilidad, que cuando no es resuelto, genera un conflicto psíquico que lleva al delito.

Por otra parte, en el mito del complejo de Edipo, cuando surge el superyó como representación de la barrera moral generada por el padre, este agrede al yo y lo reprime para evitar que la agresión salga al mundo exterior. De esta forma, el reproche del superyó al yo, genera el sentimiento de culpabilidad.

> Freud diferencia del sentimiento de culpabilidad: la que aparece como temor ante la autoridad externa, o sea como miedo a la pérdida del amor, y la que se presenta como temor ante la autoridad interna, o sea como miedo al superyó." (Jiménez, 1982. Pág. 30)

De esta forma, la culpabilidad es expresada de dos maneras, una frente al padre, la familia o la sociedad, y la otra, que enfrenta al superyó, sentimiento que se alivia, reparando el daño del delito en la sociedad, a través de la pena o la indemnización, y desde el punto de vista interno a través del autocastigo.

A diferencia de la culpabilidad basada en el libre albedrío, se supone que el hombre ante una situación dada, tiene libertad para escoger entre el camino del bien, y el camino del mal, y la culpabilidad sobreviene en virtud de esa decisión, es decir que la culpabilidad se origina al momento de ejecutar la conducta. En la culpabilidad planteada desde el psicoanálisis, el sentimiento de culpa viene incluso inconscientemente, con la necesidad de ser castigado, por lo cual, se realiza el delito, es decir, el sentimiento de culpa antecede al delito, y es el que lo causa.

"Reik: "El sentimiento de culpabilidad no es una consecuencia del delito, sino más bien su causa; el aumento de ese sentimiento de ser culpable es lo que le hace a un hombre llegar a ser delincuente. El crimen se experimenta por su autor como una liberación psíquica, puesto que hace que el sentimiento de culpabilidad se apoye en algo efectivo y actual… Es decir: el delito se comete para satisfacer los instintos antisociales y para justificar y aliviar el sentimiento de culpabilidad." (Jiménez, 1982. pág. 30)

De esta manera, el psicoanálisis afirma la culpabilidad como un sentimiento, producto de un conflicto psíquico y que es la causa por la que se cometió el delito, para recibir un castigo, como una forma de expiación.

3.11. LA INIMPUTABILIDAD SEGÚN EL PSICOANALISIS

La escuela positivista estableció la responsabilidad social y no la inimputabilidad, así los niños y los enfermos mentales son responsables, y se les coloca no una pena, sino medidas de seguridad tendientes al tratamiento psiquiátrico o a la reeducación, por ello, los positivistas propusieron la eliminación de la inimputabilidad, por la responsabilidad.

Así entendiendo que la responsabilidad se le aplica a todos, esta dependerá de la participación del yo consciente en el acto.

"Los actos humanos obedecen a una constelación heterogénea de motivaciones, de las cuales unas son conscientes y otras pertenecen al territorio del inconsciente. Pues bien: según la medida en que los motivos conscientes determinan al sujeto, y según la proporción en que determinen el acto las motivaciones inconscientes, así se medirá la responsabilidad del individuo que ya no es patrimonio exclusivo del jurista, sino que es tema de la incumbencia del psicólogo."

Esta postura planteaba la determinación de la inimputabilidad por parte de los psicólogos, quienes deberían a través de un peritaje, determinar si la conducta tuvo o no participación del yo consciente, y en virtud de ello, establecer que tipo de sanción se tendría que imponer al delincuente, ya sea una pena o una medida de seguridad, como la internación en sitio psiquiátrico.

Otro planteamiento del psicoanálisis propuso, que la inimputabilidad dependía no de la participación del yo racional, sino del grado de poder de inhibición del superyó en la conducta:

"Como principio general puede deducirse que todo delincuente debe ser juzgado considerando el mayor o menor poder de inhibición del superyó, porque de esto depende su responsabilidad, creyendo, además, que también el grado de pena debe estar en relación con el valor inhibitorio del superyó, en escala descendente" aunque reconoce que medir esa capacidad inhibitoria es por demás arduo" (Francisco Beca, citado por Jiménez, 1982. pag. 64)

De acuerdo con todo lo anterior, el psicoanálisis plantea que si una persona actúa de forma más consciente y racional, debe ser más responsable, y debe ser tratado con mayor severidad, de quién actúa motivado más por el inconsciente, quién debe tratarse más benévolamente.

3.12. TRATAMIENTO DE LOS DELINCUENTES

Fenómenos tóxico u orgánico-patológicos consulte a un médico. Es decir, si el problema del individuo es a nivel del cuerpo, o a nivel físico, el profesional que tiene la competencia para tratar los problemas de salud del cuerpo son los médicos, así por ejemplo, problemas hormonales que puedan conducir al delito, como el hipotiroidismo o hipertiroidismo, son problemas que deberá tratar un endocrinólogo.

Criminal neurótico consulte al psicólogo. En estos casos, si el origen del delito tiene un problema comportamental generado en la psiquis, quién tiene que tratar el tema será un psicólogo, quien tendrá que valorar la anomalía y diseñar un tratamiento para que el paciente supere su problema. Así por ejemplo, en un trastorno obsesivo-compulsivo, deberá establecer un tratamiento para que el paciente supere su compulsión, y maneje su ansiedad, permitiéndole vivir una vida más tranquila, sin la agonía, que le genera su trastorno.

En lo que tiene que ver con el psicoanálisis se dice que el delincuente de un superyó criminal, debe ser tratarlo como a un niño, y trabajar en la creación de un superyó en la legalidad. Es decir, se traba en la sustitución de un superyó criminal, con un superyó adaptado a la legalidad.

Los delincuentes accidentales que son aquellos que cometen delitos culposos no requieren de castigo, basta la responsabilidad civil. De esta forma, una persona que actuó sin intención, y sin que exista algún conflicto psíquico, no requiere de tratamiento, y basta con que repare a la víctima.

El psicoanálisis plantea que la idea central, del tratamiento a los criminales, sería identificar el problema, ya sea el conflicto de Edipo o el Conflicto de la castración. "Se trata de corregir las malas influencias anteriores y determinar la formación del carácter (creación de un superyó normal y vigoroso) que ha sufrido perturbaciones o retrasos." (Jiménez, 1982. Pág. 98)

> "En los neurótico y en los disociales (que corresponden al tipo llamado anormal) la delincuencia proviene -según Aichhorn- de una satisfacción insuficiente de la libido en la primera infancia. Es preciso, en ambas categorías, provocar la trasferencia. Si se trata de un neurótico, es necesario comportarse con él como se haría frente a un niño normal, y reemplazar, en cierto modo, para él, al padre que psicoanalíticamente falta. La trasferencia se produce entonces por sí misma. Si se trata de un disocial, en conflicto con la sociedad, hace falta primeramente inspirarle confianza, situándose como aliado suyo, fingiendo comprenderle y casi aprobar su conducta." (citado por Jiménez, 1982. Pág. 98)

En el caso de los delincuentes peligrosos considera necesario su aislamiento, para que no coloquen en peligro la sociedad, y durante el tiempo en que dure su peligrosidad.

> "Además del tratamiento adecuado, es preciso que se aisle y separe a los criminales crónicos que supongan un peligro para la sociedad, mientras dure su estado temible." ((Jiménez, 1982. pág. 99)

El problema con dicha postura es que contraviene el principio del acto que rige en el derecho penal, en el cual, la pena debe ser proporcional a la gravedad del acto y no a la peligrosidad del delincuente. Este planteamiento permitiría la cadena perpetua para aquellas personas que no tienen un tratamiento que los cure, y las condenas extensas para delitos menores como el hurto de $30.000 de carteristas por la reincidencia. Sin embargo, dicha posición también genera una dura crítica con los efectos del derecho penal de acto que, que impone unas penas altas en virtud de la gravedad del acto, sin importar el tratamiento al delincuente, haciendo que una vez cumplida la condena, no interesa si se resocializó o no al delincuente, y muchas veces sale peor de lo que entra.

4. BARATTA Y EL PSICOANÁLISIS.

El psicoanálisis tuvo otros exponentes, que buscaron otras explicaciones y aplicación de esta teoría al delito, diferentes al complejo de Edipo como Reiwald, Helmund Ostermeyer, y Edward Naegeli, planteando por ejemplo, una función de asimilación en el yo y la persona, y los mecanismos de control social como los policías, los fiscales y los jueces como el superyó, buscando de esta forma, que el conflicto interno que sufre el delincuente, entre el ello y el yo, quede reforzado por el control social, para reafianzar el superyó:

> "El mal ejemplo del delincuente obra de modo seductor sobre los propios impulsos reprimidos y aumenta su presión. Por es, el yo tiene necesidad de reforzar el propio superyó y puede recibir este reforzamiento solo de las personas reales que encarnan la autoridad, las cuales son el modelo del superyó. Si el yo puede demostrar a los impulsos que también las autoridades mundanas dan razón al superyó, entonces él puede defenderse del asalto de los impulsos. Pero si las autoridades mundanas reniegan del superyó, dejando escapar al delincuente, entonces no existe ninguna ayuda contra el asalto de las tendencias antisociales." (Alexander y Staub, citado por Baratta, 2004. Pág. 48)

De esta manera, la teoría del psicoanálisis, permitía explicar la necesidad del sistema judicial, como una forma de reforzar el superyó en cada individuo, y prevenir el delito.

Por otra parte, también desde el psicoanálisis se planteó el tema de la proyección y del chivo expiatorio. De acuerdo con el psicoanálisis surge un conflicto interno que en el delincuente entre el ello y el yo, y entre el yo y el superyó, que buscan contener las reacciones primitivas, el sentimiento de culpa, y el odio, para que no salgan al exterior. Estas fuerzas primitivas por regla general son contenidas y reprimidas por el yo y el superyó, pero en ocasiones se escapan y estallan como volcanes, así que toda esa ira reprimida se libera a través del delito. Este conflicto interno, genera una proyección en una tercera persona, que termina siendo el chivo expiatorio de toda la ira contenida, y que personifica sin saberlo, a aquel objeto o persona contra la cual, se ha desarrollado un odio particular, que desencadena una reacción violenta.

Esta tesis de la proyección y del chivo expiatorio según Baratta (2004, págs. 51-53), también se aplica desde el punto de vista colectivo, y explica desde el punto de vista social, cómo se convierten los grupos minoritarios en chivos expiatorios de esos sentimientos de ira de las mayorías, es decir, que la reacción violenta colectiva, también se desencadena, por los sentimientos de ira de un grupo mayoritario, no contenidos, y que utilizan un chivo expiatorio (grupo minoritario y diferente) para liberar la furia, generando catástrofes como el holocausto en Alemania, el apartheid en Sudáfrica o el genocidio en Ruanda y la ex Yugoslavia.

Por otra parte, Baratta (2004, págs. 53-55) critica la teoría del psicoanálisis como una versión que busca simplificar el problema del delito, sin tener en cuenta el contexto histórico del que surgen las leyes, ni las relaciones socioeconómicas, que lo fundamentan, concentrándose solamente en el conflicto, entre el individuo y la sociedad, desde el punto de vista meramente psicológico, olvidando las partes jurídicas, políticas y económicas que comprenden también el estudio del delito.

5. ZAFFARONI Y EL PSICOANÁLISIS.

El profesor Zaffaroni (2013) analiza el psicoanálisis desde varias perspectivas, pero en especial, sobre dos autores, el primero Brown, y el segundo Girard.

Sobre el primero, analiza que parten de las ideas de Freud sobre los efectos de la neurosis, que llevan a un conflicto interno que es liberado posteriormente por el delito, sin embargo, no se basan en el mito de Edipo, sino en otros conflictos que genera la sociedad moderna.

Sobre Brown, plantea que el conflicto que genera la sociedad, es de acumulación de poder, y poder entendido como bienes y conocimiento. De esta forma, la sociedad capitalista le genera al hombre la necesidad de acumular tanto bienes como conocimiento, para tener poder, pues la riqueza no es un medio, sino un fin en sí mismo. Brown, comenta Zaffaroni (2013), "Cree que la civilización occidental se asienta sobre la negación del cuerpo, el imperio de la represión y las deformaciones del deseo, cuyo origen encuentra la formación genital del psiquismo en la infancia, desplazando el principio del placer y reemplazándolo por el principio de realidad".

Así las cosas, la neurosis es decir el conflicto interno, es generada por la civilización actual, donde el cuerpo sufre por los estándares de belleza y la idea de acumular poder, que generan una represión en el fuero interno del individuo, por los estándares y las exigencias de la sociedad capitalista, que generan la represión de los instintos, que podrían liberarse en formas de delitos.

Por otra parte, en relación con la tesis de Girard, Zaffaroni (2013) comenta, que el origen del conflicto interno es, que en una "sociedad se va generando una tensión que en cierto momento se traduce en una violencia difusa, porque todos van queriendo las mismas cosas, función de una rivalidad mimética." Es decir, que las personas ven a otras, como modelos, y quieren tener las mismas cosas: "Si fulano tiene un auto nuevo, yo también quiero tenerlo, de la misma marca o mejor." (Zaffaroni, 2013, pág. 206)

Así las cosas, de conflictos individuales, se pasa a conflictos de grupos, donde los grupos quieren lo que otros grupos tienen, y comienza una relación de violencia y de hostilidad, ya no sobre las cosas que se quieren sino en contra de las personas con las cuales se esta rivalizando o se está en competencia (Zaffaroni, 2013, pág. 206). Así mismo, esta violencia colectiva, se vuelve y se canaliza, a través de la rabia hacia un grupo, que en forma de chivo expiatorio recibe toda la violencia de las masas. Comenta el profesor Zaffaroni (2013, pág. 207):

> "El nazi Carl Schmitt aconsejaba precisamente eso: buscar a quien sea más adecuado para hacerlo blanco de toda la bronca social, sin importar si es bueno o mal, feo o lindo; lo único que debe importar es que sea útil para hacerlo responsable de todos los males.
>
> Y se plantea, que todos creerán que la víctima es culpable cuando después de matarla vuelva la paz y el orden..."

Por último, comenta el profesor Zaffaroni (2013), que Girard, plantea que el sistema judicial, es una forma de canalizar racionalmente la venganza, y expone que:

> "Estas reflexiones son un golpe de gracia a casi todo el derecho penal, porque explican su dificultad para darle racionalidad a la pena. Como la venganza no es racional, no puede incorporarse a un discurso racional, no puede incorporarse a un discurso racional; solo consigue racionalizarla, o sea, darle apariencia de racionalidad ante el hecho consumado de su ejercicio."

Ahora bien, existe otro planteamiento que expone que la pena, es solo producto de la envidia, de quienes respetan el orden protegido por el castigo, frente a los que no lo respetan.

Ahora bien, teniendo en cuenta estos planteamiento sobre los orígenes del conflicto interno que genera la neurosis en las personas, ya sea la acumulación de poder, o ya sea la necesidad de tener lo que otros tienen, son propuestas que tratan de darle una justificación a ese deseo o impulso del ello, a obtener o hacer cosas, por encima del instinto de conservación de no dañarme a mi mismo o de no dañar a otros que controla el yo, y por encima de los valores y principios manejados por el superyó.

6. LA PROPUESTA DE LA PSICOLOGÍA INDIVIDUAL.

6.1. EL CRIMEN POR COMPLEJO DE INFERIORIDAD.

Como se dijo anteriormente, el psicoanálisis abusa mucho del complejo de Edipo, para tratar de dar la explicación de todos los delitos y en todos los casos, y por ello, en muchas ocasiones son muy duramente criticados por ello. Así entonces, se toma una visión alternativa, de la propuesta de la psicología individual, para la cual, el origen de todos los delitos se puede explicar a través del complejo de inferioridad.

"De las relaciones del yo con el mundo circundante recibe la relación del yo consigo mismo su ley de desarrollo dinámico. Esta relación presenta la línea vital de una individualidad como idéntica con su programa de valor propio. De estas relaciones nacen los sentimientos de inferioridad, por los que el individuo se siente débil ante el poderío social y pone en juego su afán de superarlo. En esta lucha por el afán de superioridad y por la afirmación de sí mismo se crean los más variados mecanismos de seguridad: protecciones y compensaciones en el desarrollo físico o en el de los rasgos de carácter, construcciones espirituales y síntomas neuróticos."

De acuerdo con esta teoría, se plantea un problema desde el individuo y su entorno, que genera diferentes tipos de complejos de inferioridad, los cuales, al no tener alternativas legales para superarlos, el individuo opta por el delito, como una forma de demostrarle a la sociedad que sí puede o que no puede seguir menospreciándolo.

A partir de esos complejos de inferioridad, presenta una propuesta general de solución en la educación del individuo:

"Por eso la psicología individual considera como objetivo de la educación adaptar el individuo a la comunidad y para ello no debe jugar papel alguno el fondo biológico, ni como pretexto de debilidad ni como excusa de vanidades. En primer lugar -como dice Wexberg-, la igualdad de todos los hombres, como principio práctico..., puede cumplir su ideal de comunidad y debe inculcarse vivamente a los individuos." (citado por Jiménez, 1982. Pág. 255-256)

El centro es manejar un discurso de igualdad entre todos los seres humanos ante la Ley, dejando por un lado la discriminación por razones de raza, sexo, edad o cualquier otra condición. En cuanto al factor biológico, busca eliminar toda mención a las razas inferiores y superiores que dieron el fundamento a las purgas raciales en las dictaduras fascistas, y racistas en diferentes partes del mundo, incluso, parece excluir el criterio de equidad que busca dar ventaja a grupos desfavorecidos, por lo menos desde el punto de vista educativo, aclarando en todo caso, que no se está refiriendo a políticas públicas, donde en efecto, se ha avanzado en el derecho de las minorías, como la protección de los niños, de las mujeres embarazadas y de las personas de la tercera edad, y de otras minorías étnicas y religiosas, así como de los derechos de los homosexuales y transexuales.

De esta forma, la tesis de la psicología individual explica los delitos desde varios complejos de inferioridad, como son los de tipo orgánico, económico, social, relaciones familiares y sexuales, y de educación que se desarrollarán a continuación:

6.2. EL COMPLEJO DE INFERIORIDAD ORGÁNICO.

Complejo de inferioridad orgánico, se encuentra relacionado con los defectos corporales:

"Una anomalía física de esta clase atrae siempre la propia atención del niño o del joven, que al compararse con muchachos normales de su misma edad le produce un cambio en la completa estructura de su persona y crea en él un sentimiento de inferioridad corporal. Estos defectos pueden ser producidos por la fealdad sorprendente, por excesiva gordura, por especial delgadez y hasta por la singular belleza. El niño se siente, por los defectos dichos, perjudicado, despreciado por la naturaleza, o por su hermosura extrema, admirado y mimado por demás." (Jiménez, 1982. pág.262)

De esta forma, el complejo de inferioridad se refleja en dos direcciones, el primero generado por deformidades físicas, que generan el sentimiento de odio del individuo que la padece, frente al rechazo de la sociedad que lo discrimina, generando así delitos para compensar su complejo de inferioridad. Y el segundo, que trata de la belleza extrema, acostumbrado por el mimo, a conseguir todo lo que se quiere, provocando igualmente delitos, cuando no se consigue lo querido:

"El fenómeno de las minusvalías orgánicas se acusa muy a menudo en los casos de fealdad de los criminales. (...) El mimo, pues, es quizás el factor más importante en ciertas formas de delincuencia. Nadie sucumbe tan pronto a la tentación como un niño mimado que se acostumbró a obtener siempre cuanto anhelaba." (Jiménez, 1982. pág. 262)

Son ejemplos de delitos realizados por complejo de inferioridad orgánica, la persona obesa que mata a quienes se estaban burlando de él. El hombre que viola a una mujer que se burló de su fealdad.

Son ejemplos de delitos realizados por "superioridad orgánica o narcisismo orgánico", el linchamiento de un indígena o un afrodescendiente, por parte de una turba racista o de policías racistas.

En los delitos contra el patrimonio o de corrupción, los complejos orgánicos también juegan un factor importante, pues los individuos que los padecen buscan compensar sus defectos, en el poder económico y político. El problema de ello, es cuando no acceden a dichos poderes por los canales legales, sino a través del delito, ya sea a través de las estafas, lavado de activos, tráfico de drogas, o a través de la corrupción. Es decir, que la forma de compensar su complejo de inferioridad es el poder o la riqueza, y esta se consigue a través de medios ilegales.

> En cuanto esas características físicas se unen a dificultades externas, el individuo no logra ya alcanzar la misión ulterior de su vida. La supercompensación le conduce a estafas, simulaciones de poderío, violencias, etc., para demostrar a los demás y así mismo su superioridad corporal. Así se pueden originar delitos." (Jiménez, 1982. pág. 262)

6.3. COMPLEJO DE INFERIORIDAD SOCIALES Y ECONÓMICAS

El complejo de inferioridad social se genera, por diferencias de clases, o de condiciones sociales como el origen (el barrio o ciudad donde se nace) los apellidos, las costumbres, las etnias, las nacionalidades, que pueden generar actos de discriminación, y en consecuencia complejo de inferioridad:

> "En la formación de un exaltado sentimiento de inferioridad juegan papel muy importante las condiciones sociales y económicas bajo las que el niño crece y bajo las cuales debe efectuarse más tarde su incorporación a la sociedad. Del sentimiento de ser inferior y de estar eliminado resulta un fuerte anhelo de valer, de darse importancia. El trabajo se siente como cosa difícil y pesada y se prefiere buscar placeres en el fumar, en el beber, en la frecuentación del cine, etc.

> Aquí se halla la raíz de la mayor parte de los delitos contra la propiedad cometidos por los jóvenes." (Jiménez, 1982. Pág. 263)

De esta manera, se puede aducir que un homicidio de un israelí realizado por un palestino tiene por origen este complejo de inferioridad social. El hurto de pandillas en contra de una cadena de hoteles. La estafa realizada por un humilde pueblerino, en contra de gente de la ciudad. Ahora bien, este complejo de inferioridad, también debe verse al revés, es decir, de los que se creen superiores a los demás desde el punto de vista social.

Desde el punto de vista económico, ya no se mira el origen del delincuente, y de su entorno social, sino los problemas de la desigualdad en la distribución de la riqueza:

> "Como causas más vastas y potentes aparecen las que tienen su génesis en la organización económica de la época moderna y que conducen a una dificultad acrecentada de la coordinación del individuo en la sociedad y en la vida común. Así se origina la situación obstinada de porfía de los oprimidos, especialmente de los trabajadores industriales y de los empleados de comercio, contra los explotadores. La organización económica vigente permite que haya seres en extrema miseria y ésta fomenta la criminalidad."

Así es, que se trata de lucha de ricos contra los pobres, y de los pobres contra los ricos, pero que también se libra entre los sectores de la economía: trabajadores contra empleadores, médicos contra clínicas, bancos contra usuarios, terratenientes contra campesinos, etc.

Este tipo de luchas por la igualdad social y económica, siempre se presentan, y se tratan de manejar dentro de la democracia y la legalidad, sin embargo, en ocasiones, esta lucha entre clases genera conflictos individuales, como el trabajador que agrede o mata a su empleador, pero también genera conflictos grupales como el homicidio de miembros del sindicato por parte de un empresario, y en últimas, puede generar tensiones internas como una asonada en una manifestación del día del trabajo; disturbios internos como el motín en un centro carcelario, o un bloqueo violento de una carretera por parte de unos manifestantes; o conflictos armados internos, que termina enfrentando a campesinos con terratenientes, o opositores con partidarios del gobierno; y hasta internacionales cuando un estado oprime injustamente a los ciudadanos de otro estado, y este reacciona con la fuerza bélica.

6.4. COMPLEJO DE INFERIORIDAD POR EDUCACIÓN.

El complejo de inferioridad por educación se genera en la forma como se establecen los sistemas de educación:

> "Freud considera que la criminalidad juvenil puede tener una de estas causas: 1 el amor excesivo, el mimo exagerado, frecuentemente entre los niños de la clase media; 2 el excesivo rigor; 3 el excesivo rigor paterno y el excesivo amor materno."

Los modelos de educación familiar y formal, en los colegios y las universidades, pueden generar complejos de inferioridad, cuando por excesivo rigor anulan el carácter del individuo, o por excesivo amor, generar una gran frustración hacía el fracaso. El individuo demasiado mimado está acostumbrado a conseguir todo lo que quiere, muchas veces armando pataletas y agrediendo, que son formas de frustración, convirtiéndose en una reacción natural, que va a causar conflictos, e incluso agresiones físicas y delitos.

> "Una educación de sistema torpe puede poner las bases de un carácter desgraciado, singularmente la que la psicología individual denomina educación autoritaria, por la que se trata de someter por completo la voluntad del hijo a la autoridad paterna y que por ese medio alzaprima necesariamente el sentimiento natural de inferioridad del niño, subraya su dependencias, aumenta el miedo a las iniciativas y resoluciones propias y le muestra como único recurso la obediencia al oculto pensamiento de la prohibición paterna. Contra semejante clase de sojuzgamiento de su voluntad y de su anhelo de valer reacciona el niño con obstinación, hiperestesia y mendacidad, y esta reacción conduce a menudo a una vida posterior, cuando se formas las peculiaridades del carácter, a delitos fraudulentos de toda índole, especialmente estafas y engaños." (Jiménez, 1982. págs. 264-265)

Un individuo queda afectado por un sistema de educación demasiado estricto, que anula su voluntad y su carácter, y ello, como se observa, genera complejos de inferioridad, que al no superarlos el individuo correctamente, busca alternativas o compensaciones, y de no encontrar métodos legales, puede acudir al delito.

6.5. COMPLEJO DE INFERIORIDAD EN LAS RELACIONES FAMILIARES Y SEXUALES.

Complejo de inferioridad en las relaciones familiares y sexuales. Este se encuentra relacionado con las relaciones familiares en las que se presenta un predominio del varón, haciendo que la mujer se sienta inferior, y con ello, viene la voz de la protesta, con injurias, engaños, estafas e intrigas, para lograr una compensación (Jiménez, 1982. Pág. 264). Y en el barón generan el impulso de aparecer varonil, y por ese empeño llega a las agresiones y a delitos violentos.

Otro de los complejos de inferioridad que se presenta en la familia, son los celos entre hermanos, por ejemplo, cuando llega un nuevo miembro de la familia, los hermanos mayores, pueden generar celos por la atención que recibe el menor. Y una de las formas de llamar la atención de los padres, es cometer travesuras. "No les importa recibir castigos por sus actos de terquedad, rabia o desobediencias; prefieren -como dice Adler- pagar estos gastos de guerra con tal de compartir el interés que el nuevo nacido ha despertado en los padres." (Jiménez, 1982. Pág. 264)

La desigualdad en el trato familiar, genera los complejos de inferioridad que pueden ser la motivación de reclamos, agresiones y hasta delitos. Se habla del complejo de Cain, cuando un hermano envidia a otro hermano y quiere su muerte. (Ver Jiménez, 1982. Pág. 264)

En el mismo sentido, debe cuidarse también el complejo de inferioridad que se genera, cuando se educa a un hermano a darlo todo, a ceder todo en favor del otro, o cuando se le inculca a una persona el exceso de caballerosidad, pues uno y otro, al ceder en cosas injustas, pueden generar complejos de inferioridad que terminan reaccionando violentamente (Jiménez, 1982. Pág. 264).

6.6. CRIMEN Y EL DESALIENTO SOCIAL

El efecto de los complejos de inferioridad en el delincuente, se denomina por la psicología individual como un desaliento social:

"... es considerar, el origen del delito en los influjos del mundo circundante y en la reacción de la personalidad sobre ese mundo. El delito aparace, pues, como un producto del desaliento, como la actitud típica de un hombre que ha perdido la fe de vencer dentro de la sociedad con los medios que le ofrece el ordenamiento social. El delincuente paga los errores que ha adquirido en la juventud y que le inducen a ponerse en hostilidad contra el mundo circundante." (pág. 258)

El complejo de inferioridad que padecen muchas personas, los lleva a buscar compensaciones, y reivindicaciones, que pueden llevarlos a el campo del delito.

"El delincuente siempre es, por tanto un ser activo contra el complejo de inferioridad. Puesto que la tendencia hacia el desenvolvimiento útil queda detenida a causa del deficiente sentimiento de comunidad -a que antes hemos aludido para explicar aquel complejo- y puesto que las exageradas esperanzas, alimentadas por el afán de superioridad, quedan irrealizadas, se producen exaltaciones emocionales que muy a menudo son el punto de partida de agresiones contra los demás." (Jiménez, 1982.Pág. 261)

Existen buenos ejemplos de que el complejo de inferioridad se encuentra de cierta manera en la base de varios tipos de criminales:

El complejo de inferioridad se hace constante tan pronto como el fracaso se deja sentir en la vida común: el colegio, en sociedad, en el amor. El 50% de los delincuentes no tienen profesión determinada y fracasaron ya en la escuela y en el aprendizaje de oficios.

Un gran número de criminales sufre enfermedades venéreas, signo de la insuficiente solución del problema del amor. Solo tienen amistades entre gentes de su estofa, demostrando así lo reducido de sus sentimientos amistosos. Su complejo proviene de la convicción de que son superiores a sus víctimas y de que con cada delito que llevan a cabo le juegan una mala pasada a las leyes y a sus defensores." (Jiménez, 1982. Pág. 261)

Y al contrario de lo que propuso Freud, sobre el complejo de Edipo y la necesidad de ser castigado, la psicología individual, considera que los delincuentes no buscan ser castigados, esperan que sus delitos no sean descubiertos, pues de cierto modo, sería como reconocer su complejo de inferioridad y develarlo en público. En cierto modo, sería como tratar de evitar la vergüenza de su complejo:

"... acaso no hay un solo criminal que no haya cometido más delitos que aquellos por los que se le acusa, dejando a un lado el considerable número de crímenes que quedan impunes. El delincuente realiza su delito en la seguridad de que no será descubierto si se las sabe arreglar bien. Si queda convicto o sorprendido in fraganti creerá firmemente haber omitido algún mínimo detalle precautorio y que está fue la causa de su perdición." (Jiménez, 1982. Pág. 261)

6.7. SOBRE LOS FINES DE LA PENA.

En cuanto a la pena, la psicología individual considera que la retribución no genera el efecto que se espera, pues olvida el origen del delito desde el delincuente, que es el desaliento, causándole así más padecimiento.

> "Es falsa la teoría de la retribución. En ella se considera al hombre distinto a como es en realidad, pues el delito no se comete por su libre albedrío, sino por debilidad. Sería injusto que un hombre que por error y desaliento cae en el delito fuese todavía más desalentado por la pena." (Jiménez, 1982. Pág. 274)

Igualmente, basar el delito en el libre albedrío lo convierte en un héroe de su decisión, lo cual, se puede entender como un premio a su decisión y no una censura a su conducta:

> La pena "Rodea al delincuente del honor de la retribución, le aurola con la gloria de lo romántico y exalta por ello aún más su delito. Si se lograse, por el contrario, el convencimiento de que el delito no es el resultado de la acción libre y audaz de la personalidad, sino la reacción de la debilidad y el desaliento, se habría suprimido con el un importante estímulo al crimen." (Jiménez, 1982. Pág. 274)

En cuanto a la intimidación a través de la prevención general y especial (negativas), tampoco funcionan en el delincuente:

> "Si se llega a reconocer que el delito tiene su génesis en la situación juvenil de inferioridad y en el desaliento efectivo, aparecerá como evidente que ese desaliento duradero no puede desaparecer con las amenazas y ejecuciones de penas, y que, por el contrario, se agrava en sus perniciosos efectos. La intimidación fortifica la hostilidad del hombre contra la sociedad. Por eso debe suprimirse toda tendencia intimidante." (Jiménez, 1982. Pág. 275)

En lo que respecta a la resocialización:

"La misión y finalidad del tratamiento del delincuente debe tender a sintonizarle con la comunidad, es decir, a resocializarle.

La mejor profilaxis de la delincuencia será la educación correcta. Hay que cuidar con esmero los métodos pedagógicos. El régimen educativo autoritario y el mimo excesivo deben ser proscritos. Hay que tratar a los niños pensando en el futuro. No ha de dárseles razón sistemáticamente, ni tampoco postergarles, sometiéndolos al mandato irracional de los mayores, obligándoles a estar quietos y callados." (Jiménez, 1982. Pág. 275)

Así las cosas, se niega que la retribución de un mal por otro mal, castigo prisión, genere efectos favorables para el delincuente, y lo que hacen es aumentar su rebeldía frente al sistema y afianzan su concepción de injusticia. En lo relacionado con la intimidación a través de la prevención especial y general (negativas), afianzan su hostilidad con la sociedad injusta y desigual.

Y en virtud, de que su tesis se enmarca en que el delito es producto de complejos de inferioridad, plantea como forma de superarlos, la reeducación del individuo, tratando de identificar esos complejos, solucionándolos, dándoles otras alternativas de compensación diferentes al delito.

6.8. EFECTOS DE LA PENA

En cuanto a los efectos psicológicos de la pena, la psicología individual es realmente crítica del sistema carcelario vigente, al establecer que destruye al individuo psicológicamente, y lo devuelve destrozado a la sociedad.

> "Los investigadores han probado que la prisión mata espiritualmente al hombre, destruye en él todo resorte activo y toda reacción útil a la vida en común, y arroja por sus puestas, al término de la pena, según su duración, un pobre sujeto desalentado y radicalmente estéril para la comunidad o un ser más rencoroso, más inadaptado, más agresivo que el que entró en la penitenciaría." (Jiménez, 1982. Pág. 276)

Igualmente, explica los problemas psíquicos que genera la reclusión en una cárcel en el delincuente:

> "Los efectos del encarcelamiento en la psique del preso no terminan al ser reintegrado a la libertad. Sieverts realiza este estudio y demuestra que la psique del penado, incluso en la vida libre, permanece poderosamente influida por la prisión. He aquí las manifestaciones de esa perniciosa influencia: incapacidad de concentración, debilidad de la memoria, ilusionismo fantástico, insatisfacción de la vida afectiva, defectos en el dominio de sí mismo, disminución del impulso de sociabilidad, falta de alegría en el trabajo, y, en última instancia, ausencia de decisión y de voluntad." (Citado por Jiménez. 1982. Pág. 276)

Y también explica cómo luego de la cárcel, el individuo desde el punto de vista psicológico, no se recupera, sino que en muchas veces queda destruido así recobre la libertad:

> "Sólo después de largo tiempo, y a veces tras de varias crisis nerviosas, se logra la adaptación a la sociedad, y sólo parcialmente se recobra el uso de las facultades

psíquicas, tal como lo exige la lucha por las existencias. Muchas veces los presos quedaron para siempre reducidos a lo que se llama un hombre roto." (Jiménez, 1982. Pág. 276)

Se plantea además, que se están perdiendo los recursos y las personas, en un sistema carcelario que se genere un verdadero valor o beneficio a la sociedad:

> "Las cifras de reincidencia, que aumentan de año en año, demuestran paladinamente que el sistema punitivo, aún en vigor, produce, a lo sumo, eficacia preventiva general, pero que dese el punto de vista de la prevención especial es completamente estéril. Los reclusos sufren, a causa de la pena privativa de la libertad, un grave déficit de naturaleza psíquica y material, sin que la sociedad obtenga en cambio de ello un beneficio apreciable. Al contrario: cada uno de estos hombres que la penitenciaría destruye representa a la vez una pérdida para la sociedad, creándose así una situación antieconómica e inmoral." (Sieverts, citado por Jiménez, 1982. pág. 276-277)

6.7. EL PSICOANÁLISIS, LAS NEUROCIENCIAS Y EL RACIOCINIO

El psicoanálisis plantea como base de la conducta la relación entre el ello, el yo y el superyó, para hacer una relación entre el subconsciente y el consciente, estableciendo un constante conflicto interno, del cual se desencadenan múltiples reacciones, que rigen el comportamiento de una persona. Igualmente con ello explican la personalidad y el carácter de un individuo que se construye a través de sus vivencias sociales y hasta de sus antecesores. El resultado es que el hombre tiene unas pulsiones básicas (el ello), que son contenidas por el consciente (el yo), y que al mismo tiempo es guiado y reprimido por una consciencia social y moral (superyó).

Ahora bien, sobre este tema, las neurociencias han generado un debate en relación a que no es cierto, según algunos estudios que explican cómo funciona el cerebro, que el individuo tenga libertad para dominar su comportamiento, pues, se ha planteado por parte algunos científicos entre ellos Libet (Jager, 2013), que el comportamiento no se encuentra ligado a la voluntad, sino que se encuentra determinado previamente por el inconsciente, y que por tanto, según esta postura, un individuo no decide lo que hace, sino que hace lo que está predestinado a hacer (Jager, 2013) (Hirsch, 2013). De acuerdo con ello, el ser humano no sería libre de decidir, sino que está preordenado a hacer las cosas, pues se plantea:

> "... que el reflejo preconsciente de querer o hacer algo, es más rápido que el hacer consciente. De ello concluyó Libet que el cerebro inicia procesos volitivos antes de que la persona sea consciente de esa voluntad." (Jager, 2013)

La consecuencia de dicha postura es que el ser humano reacciona a los estímulos, a la realidad que lo rodea a través su subconsciente, y el cerebro solo reacciona a estos estímulos, partiendo del conocimiento previo y las emociones (Jager, 2013). La consecuencia de esta postura, es el determinismo extremo, es decir, toda persona hace lo que está predeterminado a hacer de conformidad con su personalidad, y por ello no tendría libertad alguna para decidir, de acuerdo con lo anterior, un sujeto viola a una persona, porque estaba predeterminado a ello.

En la misma línea de pensamiento, se plantea una vertiente diferente del mismo estudio, en el que dice que si bien, la actuación del sujeto estaría determinada previamente por su personalidad, sí existe un derecho a veto por parte del individuo, que podría dar como una especie de orden de cancelación al acto que va a realizar. De esta manera, a pesar de que exista una predeterminación a realizar un delito, el cerebro puede enviar una orden de anulación del acto, y para ello, se coloca el ejemplo de quién quiere robar un banco, y encuentra que en el momento en que se dispone a realizar la acción, hay 5 policías más, además del guardia de seguridad, y por tanto, decide abortar el acto criminal para evitar una confrontación que no le favorece (Jager, 2013).

Así las cosas, tanto el psicoanálisis como los exponentes de las neurociencias, comprenden que el subconsciente genera unas pulsiones que son el origen de la conducta de conformidad como funciona el cerebro. La diferencia entre uno y otro, es que los psicoanalistas consideran que la culpa se produce antes de darse el comportamiento, como un sentimiento, y no como una toma de postura como lo plantea el libre albedrio. En el caso de los exponentes de las neurociencias, el hombre no decide lo que hace, sino que hace lo que está predestinado a hacer, aclarando que se admite la potestad de cesura del comportamiento del individuo, lo cual, va muy de la mano de la relación entre el ello y el yo, planteada por el psicoanálisis.

Ahora bien, como se vio en la psicología individual, es muy difícil que exista un hombre que viva sin yo o superyó, y que viva solo del ello, por tanto, mínimo tiene un yo, que le permite al individuo calcula sus actos de acuerdo con las circunstancias que se le presentan, y si encuentra que existen varios policías en el banco que quiere robar, decide aplazar el hecho, pues considera peligroso para él enfrentarse a disparos con los agentes de la Ley.

De esta manera, podemos prever como lo estableció la escuela finalista que las personas tienen una finalidad al momento de realizar una conducta, con la facultad de calcular y prever un resultado de sus acciones. Así también, cuando se explica las funciones de las partes del cerebro, donde el hemisferio izquierdo es la parte lógica, el hemisferio derecho la parte creativa, y la parte posterior del cerebro es la parte instintiva, se ha planteado, que al realizar una conducta, la parte lógica realiza el cálculo de lo que puede ocurrir, la parte creativa, recrea la situación o la imagina, y la parte instintiva reacciona para mover todos los músculos para realizarla. En todo caso, el funcionamiento del cerebro es tan complejo, que existen varias posturas un mismo fenómeno.

6.8. CONCLUSIÓN

Los orígenes de los crímenes pueden ser muy variados, y no todos pueden encasillarse en una supercategoría, por lo que la complejidad del ser humano y la sociedad genera una diversidad de causas y de concausas, pero no se puede desconocer que los planteamientos del psicoanálisis y de la psicología individual, tratan de hacer un esfuerzo por comprender al delincuente, más allá de la configuración de una conducta penal, que requiere de una restricción de la libertad, y nos permiten desde otra óptica analizar lo que ocurre y lo que se hace en el derecho penal con el delincuente:

> "El robo, por ejemplo -dice Westwick-, apartándonos completamente del beneficio material que pueda obtener el que roba, a menudo es un acto que expresa venganza o simbólica compensación para el desposeído. Actos de violencia (crímenes) que ofrecen, a menudo los más graves riesgos, no son sino demostraciones de agresividad, hombría y arrojo que encubren inconscientes sentimientos de debilidad e inseguridad y los suplantan por sentimientos de bravura y confianza en sí mismos. Conflictos emocionales de la neurosis que derivan en simbólicas satisfacciones de necesidades insatisfechas. En el sujeto criminal esos conflictos conducen a acciones delictuosas. Muchos delincuentes,

sin embargo, actúan fuera de sus conflictos neuróticos en la vida real. Algunos, literalmente, solo obran para ser encerrados tras las puertas carcelarias. Sus consciencias cargadas han generado sentimientos de culpabilidad y así ellos mismos provocan y buscan el castigo para neutralizar tal sentimiento. Otras son criaturas de compulsión, manejadas por fuerzas descritas por Freud, como envolventes de su mecanismo cerebral de transferencia y de compulsión repetida. Carentes en su niñez de afectos normales, amargadas y desposeídas de todo, desde temprano se sienten sacudidas por conflictos inconscientes, que le impulsan a buscar más tarde en la delincuencia las satisfacciones que jamás poseyeron. La víctima, el proceso, el juez, la prisión, la pena son para ellas sólo símbolos. Los sueños de los presos a menudo revelan que la prisión representa para ellos -en su subconsciente- protección y amparo. Simbólicamente retornan a la madre." (Jiménez, 1982. pág. 259)

Así las cosas, podemos plantear que muchos conflictos internos de la psiquis provienen de la personalidad del individuo, de la forma como fue educado, y la forma en que fue creciendo en la sociedad.

Que en efecto, el ello, el yo y el superyó, como una forma de explicar dichos conflictos internos, pueden dar una idea de cómo surgen y como pueden manejarse los conflictos internos de las personas, y su personalidad.

Que los complejos de inferioridad en efecto existen y se pueden apreciar en las conductas de los seres humanos que buscan sobreponerse a una sociedad que los avasalla en muchas formas, y que de cada resurgir del individuo luego de ser atacado, muestra su poder de superación, y que cuando no lo logra, busca alternativas para seguir adelante.

Que el delito tiene un componente psicológico muy fuerte, y que ha sido ignorado por el derecho penal, sobre todo en el tratamiento del delincuente con el sistema carcelario y los parámetros legales de una sentencia y su ejecución en un sitio carcelario.

Que la reeducación y el tratamiento psicológico para recuperar o resocializar a delincuentes, sigue siendo una asignatura pendiente en sistemas carcelarios como el Colombiano, y el de muchos otros países, que siguen similares parámetros.

7. ¿QUE PASA EN EL CEREBRO DE UN PSICOPATA?

7.1. EL PERFIL COMPORTAMENTAL DEL PSICOPATA.

Uno de los mayores problemas del derecho penal son los psicópatas. Son los delincuentes más peligrosos y más proclives a delinquir o a reincidir. Se han definido como personas malvadas sin capacidad de empatía, y de bajo sentimiento de culpa, muy proclives a convertirse en asesinos seriales o violadores seriales.

Se plantea que padecen de capacidades sociales, al carecer de empatía no comprenden los sentimientos o las conductas de los demás, y a su vez, se sienten incomprendidos, debido a ello, cargan un odio hacia la sociedad que no los comprenden, y comenten sus delitos como forma de protesta o rebelión hacia esa sociedad que los satura y oprime.

> "Un tipo sin conciencia, ajeno a la comunidad moral, por cuanto que las emociones morales características del ser humano le son ajenas o como mucho un eco lejano. En el psicópata están plenas las emociones morales negativas como la envidia, la ira o el odio, pero las de

naturaleza positiva (empatía, compasión, responsabilidad, afecto, piedad, lealtad) no resultan disponibles en sus recursos cerebrales. Esto es una limitación muy grave para una integración real (no simulada) en el tejido social que conforma su mundo, y en particular en el bienestar de aquellas personas que están más cerca de él. Por eso decimos que el psicópata aprende a simular las emociones; con la práctica, particularmente si no proviene de un ambiente marginado y ha tenido oportunidades para educarse y prosperar laboralmente de un modo normal, va registrando qué tipo de expresiones son las convenientes de acuerdo con el contexto en el que se desenvuelve." (Garrido, 2018)

Además de las limitaciones sociales antes dichas, que les impiden relacionarse bien con otras personas, los psicópatas también tienen limitaciones afectivas:

"... falta de consciencia (no hay moral que le vincule y por ello no hay sentimiento de culpa ni remordimientos), incapacidad de amar o, lo que es lo mismo, afectos superficiales egocéntricos y un pobre juicio moral, no porque no sepa lo que esta bien o mal, sino porque el psicópata le resultan incognoscibles las sutilezas emocionales y los elementos del contexto que son apropiados para comprender la valoración moral de los hechos." (Garrido, 2018)

Ahora bien, las características de un psicópata pueden variar y combinarse, de acuerdo con el desarrollo de la personalidad y las circunstancias familiares y ambientales, y lo más importante aún, hay que decir que no todos los psicópatas desarrollan el perfil de asesino, pues hay psicópatas integrados en la sociedad, que no cometen actos violentos:

"Una gran mayoría de los psicópatas están integrados: nunca han pisado una cárcel ni lo harán, porque son capaces de controlar sus deseos de explotación del otro sin incurrir en la violencia. El término psicópata pues no es sinónimo de asesino en serie: si bien la mayoría de los asesinos seriales son psicópatas, a su vez la gran mayoría de éstos no son asesinos en serie; de hecho la mayoría ni siquiera son delincuentes violentos eso no significa que sean ciudadanos modelos: son capaces de pasar su vida entre nosotros sin llamar la atención de las autoridades, aunque, por otra parte, la lógica nos lleva a concluir que detrás de las desapariciones y crímenes sin resolver que se producen cada año debe esta la mano de psicópatas integrados, es decir, no detectados ni identificados.

En ocasiones podemos vislumbrar la clara influencia de la psicopatía cuando un sujeto integrado comete un hecho brutal." (Garrido, 2018)

En este planteamiento, se considera importante, que sí existen psicópatas integrados en la sociedad, que no han realizado delitos, pero que realizan otro tipo de conductas para satisfacer sus deseos de explotación del otro.

7.2. EL FUNCIONAMIENTO DEL CEREBRO EN EL PSICOPATA.

De acuerdo con varios estudios que se han realizado, patrón comportamental de un psicópata tiene una explicación científica, según el profesor Garrido (2003) los cerebros de los psicópatas tienen unas características muy peculiares, que influyen en su comportamiento.

La primera de ellas, es un reducido funcionamiento prefrontal del cerebro, área del cerebro que controla los impulsos primitivos. En virtud de ello, el sujeto tiende a comportamientos arriesgados, irresponsables, e ilegales, a su vez sucumben a los impulsos y tienden a la agresividad y a la violencia. Por otra parte, el bajo funcionamiento prefrontal del cerebro disminuye la capacidad para resolver problemas, y afecta la socialización, para tratar problemas, por lo cual tiende a la violencia y la agresión. También reduce la capacidad para pensar y racionar, y con ello, tiende al fracaso escolar, a problemas económicos y por frustración, una tendencia a la vida delictiva y violenta. (Garrido, 2003)

Baja actividad en el lado izquierdo prefrontal del cerebro, con lo cual se disminuye el raciocinio y la lógica, generando el fracaso escolar y la tendencia a la violencia. Igualmente, la baja actividad de esta parte del cerebro, disminuye el control sobre las emociones negativas que se originan en el lado derecho del cerebro. En igual sentido, un bajo funcionamiento del lado izquierdo que comprende la amígdala, el hipocampo y el tálamo, genera problema para comprender las emociones y de los estímulos afectivos. (Garrido, 2003) También se demostró a través de un estudio, que los psicópatas tienen menor sobresalto, frente a estímulos aversivos, y además que no aprecian el significado emocional de un evento.

El profesor Raine (citado por Garrido, 2003), considera que los maltratos físicos desde bebé y desde niño, pueden causar que las fibras blancas que ligan la corteza con otras estructuras cerebrales se rompan, dejando a todo el cerebro libre del control frontal. El maltrato, puede generar un trauma que puede generar una enfermedad neurológica o psiquiátrica que impide el control de los impulsos violentos. Así mismo, las lesiones cerebrales cuando afectan la parte prefrontal, generan un funcionamiento errático del cerebro que también impide los impulsos violentos (Garrido, 2003).

En todo caso, los estudios de los psicópatas, se ha comprobado que los niños sometidos al maltrato y a ambientes de caos, desarrollan en la vida adulta comportamientos antisociales y delincuenciales. Igualmente, se ha logrado también establecer que los psicópatas tienen en común, ausencia de vínculos afectivos con los padres, la ausencia de la atención materna, y haber tenido un padre con rasgos psicópatas, por lo cual, también se cree que es hereditario. (Garrido, 2003)

Por último, advertir los rasgos psicópatas de acuerdo con los estudios (Garrido, 2003):

Locuaz en su discurso

Sentido desmesurado de autovalía (egocentrismo)

Mentiroso por naturaleza

Estafador.

Afecto superficial, incapaz de profundizar las relaciones que establece.

Insensible y despreocupado por los derechos de los demás.

No siente culpa.

No se responsabilidad de sus propias acciones.

Apático con cualquier actividad productiva.

Impulsivo, se guía por sus deseos y caprichos.

Irresponsable, realiza acciones que colocan en peligro su propia vida o la de otros.

Parasitario, vive de los demás.

No tiene metas ni objetivos claros en la vida.

Versatilidad criminal

7.3   LOS PSICOPATAS DESDE EL PSICOANÁLISIS.

De acuerdo con algunos autores del psicoanálisis, el psicópata es una persona que no desarrollo el superyó, y que se deja llevar por sus instintos más básicos:

> "... es preciso hacer una distinción entre el criminal neurótico y el criminal psicópata, puesto que en el criminal psicópata puro los actos delictivos no son una consecuencia de conflictos psíquicos, sino una libre exteriorización de la personalidad fálico narcisista." (Jiménez, 1982. pág. 48)

En este orden de ideas, el psicópata no tiene el conflicto entre el yo y el superyó, y su comportamiento delictivo se origina del demostrar su superioridad frente a la sociedad y frente a la víctima.

Otra postura del psicoanálisis del psicópata es la siguiente:

> "Los actos delictivos del psicópata criminal pueden compararse a los actos de un perverso sexual, los que, sabemos, no son una exteriorización pura y libre de un instinto parcial, sino que son consecuencias de represiones y de otras elaboraciones psíquicas de los instintos, a consecuencia de la actuación del superyó." (Jiménez. 1982. Pág. 49)

De acuerdo con esta postura, el psicópata no es que deje libre sus instintos, y que no tenga un superyó, al contrario, el superyó se crea de forma anómala, y produce unas represiones tan fuertes, que el psicópata se siente liberado al realizar el delito, por lo que su conducta obedece a un acto de rebeldía frente a la represión que el siente interiormente.

> "… la teoría psicoanalítica afirma que aun antes de la creación del superyó el individuo fálico (si es que este individuo existe en estas condiciones) reconoce la existencia inhibidora del mundo exterior y no satisface sus instintos en plena libertad, como lo demuestra también la existencia en él de temores." (Jiménez, 1982. pág. 49)

Así las cosas, es de considerar que el psicópata en efecto si tiene un superyó, teniendo en cuenta es capaz de tener una doble vida, donde en una sigue los parámetros de la vida en sociedad, y en la otra comete delitos con la finalidad liberadora de su personalidad.

También se puede decir, que sí padece de conflictos psíquicos, pues comete los delitos como una forma de rebeldía en contra de la sociedad que no lo comprende y que él no comprende -debido a su incapacidad de empatizar con otros-, por lo que reacciona a una represión interna y externa, a través del delito.

Ahora bien, a diferencia de otros criminales, el psicópata tiene un componente narcisista, dirigido a demostrar su superioridad frente a la víctima a la cual agrede sin consideración, demostrándole así que es superior y que está vencida y humillada. Igualmente, el comportamiento delictivo del psicópata tiene la finalidad de demostrar su superioridad a la sociedad, enviando un mensaje de mira todo lo que hago y no eres capaz de hacerme nada, no puedes enfrentarte a mí, o no puedes atraparme.

De ese trastorno narcisista se deriva el hecho, de darse un nombre importante, de que no lo confundan con otros que el considera inferiores, que no digan lo que realmente ocurrió y que le resten importancia a sus actos, o le quiten el factor de inteligencia o creatividad de los mismos. ¿Quieres provocar a un psicópata? Ataca su ego.

7.4. LA PSICOPATÍA COMO ESTRATEGIA DE VIDA

Otra teoría sobre lo que ocurre con los psicópatas, plantea un enfoque diferente basado, en que los psicópatas no presentan lesiones cerebrales relevantes, y si las presentan son mínimas, de tal forma, que lo que se plantea son problemas del funcionamiento de partes del cerebro, pero no lesiones.

En virtud de ello, se plantea la psicopatía como una estrategia de vida, en la cual:

> "... la toma de riesgos, la búsqueda de sensaciones, la insensibilidad al castigo, la promiscuidad, la manipulación, el engaño y la violencia produjeron una reproducción exitosa en ambientes ancestrales. (...)

> Es decir, actuar impulsivamente en pos del refuerzo sin mirar los costos del castigo, no sentirse afectado por las emociones negativas (especialmente si afectan a otros), y no preocuparse por el bienestar de los demás son aspectos del psicópata que se relacionan con estrategias de reproducción que funcionaron bien en periodos prehistóricos y posiblemente en determinadas sociedades contemporáneas." (Garrido,2003)

De acuerdo con esta tesis, la psicopatía se desarrolla como un modo de supervivencia totalmente egoísta, en tiempo de caos, y donde no exista una sociedad organizada y pacífica. La psicopatía sería como una personalidad adaptada a un medio apocalíptico, en guerra o de extinción, y que no estaría acorde con los parámetros de la sociedad moderna, por lo tanto, siempre chocará con ella, por ser minoría, y por representar lo opuesto a la paz, la tranquilidad y el respeto por la convivencia en sociedad. Así un psicópata representa a un personaje que mata a muchas personas por una idea, sin sentir remordimiento, y su triunfo es haber sobrevivido, una idea muy reproducida en los villanos de las historias, e incluso de algunos héroes, donde se enaltece la personalidad psicópata.

7.5. A MODO DE SINTESIS

En síntesis, convivimos con psicópatas, los hemos sufrido cuando alguno ha llegado al poder como Hitler y Stalin, les tememos, pero en ocasiones los exaltamos. La sociedad los mira con desconfianza y con odio, y ellos, odian a la sociedad y no sienten empatía con ella.

Se puede decir que son un tipo de persona inadaptada y de gran peligro, con unos rasgos muy característicos, sin que todos lleguen a ser asesinos en serie, pues es un rasgo que se desarrolla no en todos los psicópatas, quienes también tienden a dedicarse a otros delitos, como las estafas, los hurtos, los secuestros, las extorsiones, los delitos culposos, los de fraude, entre otros, teniendo en cuentas sus rasgos particulares, como se dijo anteriormente, pues puede ser un gran estafador, ya que tiene el don de la palabra, es mentiroso por excelencia y tiende a engañar y estafar. Puede ser un asesino o un jefe de mafia, un presidente de un país, o un gerente de una multinacional, y llegan hasta allá, valiéndose de sus rasgos, egocentrismo, mentiras, intimidación y violencia.

Se puede predecir que tienen la mayor tendencia a reincidir en actos criminales, por su falta de control de sus impulsos, y a pesar de que existen tratamientos que pueden mejorar su conducta, no existe un tratamiento científico que pueda garantizar una transformación total. El psicópata tiene mayor riesgo de reincidencia de los delincuentes sexuales, y pone en jaque la resocialización como fin de la pena.

Luego de que delinquen, a los psicópatas se les debe perseguir y judicializar lo más pronto y eficazmente posible, de lo contrario, la impunidad, aumentará el número de víctimas. Su persecución los hace más peligrosos y su seguimiento noticioso, le alimenta el ego, lo vuelve famoso y motiva a otros a imitarlo.

8. EL FANATISMO EN EL DERECHO PENAL

Una causa recurrente de delitos es el fanatismo. Este es un fenómeno social, que hace que muchas personas, por diferentes motivos, entre los más comunes, los políticos, los religiosos, los deportivos, se enfrenten y lleguen a la agresión verbal y física, llegando inclusive al homicidio. Si tomamos ejemplos como las matanzas realizadas por los nazis en Alemania, los bolcheviques en Rusia, los revolucionarios franceses, cubanos y chinos en sus respectivos países, y los regímenes de terror que montaron dictaduras del cono sur, podemos estudiar lo que el fanatismo político puede generar en las sociedades.

Igualmente, en los deportes, por ejemplo, el fanatismo genera que los hinchas de dos equipos rivales se enfrentan entre sí, y son capaces de matarse en riñas callejeras por un color, un escudo o una bandera.

En el tema de la religión, el fanatismo llevó a las cruzadas a naciones cristianas en contra de los pueblos musulmanes, y de igual manera, se han presentado ataques musulmanes en contra de infieles (cristianos y judíos), con el pretexto de la Yihad o guerra santa. En Europa la guerra de los supremos, llevó a que católicos y protestantes (Luteranos y Calvinistas) se enfrentaran, e igualmente en Irlanda se creó un grupo terrorista -el IRA- en medio de conflictos entre católicos y protestantes.

El fanatismo es entendido como "un comportamiento desvirtuado de la realidad lógica que enajena a quien la demuestra **hasta tal punto que se cree superior a los demás y no acepta que otros que piensen diferente pueden tener la razón"** (Utria, 2021)

Podríamos tomar como una guía la siguiente definición de fanatismo y sus consecuencias:

> "El fanatismo supone una adhesión incondicional a una causa. La mencionada ceguera que produce el apasionamiento lleva a que el fanático se comporte, en ocasiones, de manera violenta e irracional. El fanático está convencido de que su idea es la mejor y la única válida, por lo que menosprecia las opiniones de los demás.
>
> De esta manera, podríamos determinar que el fanatismo se sustenta o identifica por cinco principales señas de identidad: el deseo de imponer sus propias ideas, el despreciar a quienes son diferentes, el basarse en una serie de ideas que son incuestionables, el tener una visión "cuadriculada" de las cosas pues todo es blanco o negro, y finalmente el carecer por competo de todo espíritu crítico." (Definición de, 2021)

Como podemos observar, el fanático es una persona que acoge una idea, y la plantea como una verdad absoluta, y es incapaz de cuestionarla o de dejar que otros la cuestionen, convirtiéndose en un defensor exagerado de una idea, hasta llegar a agredir o matar a los que se muestren en contra. Se menciona incluso, en lo relativo al fanatismo político lo siguiente:

> "La falta de racionalidad puede llegar a tal extremo que, por el fanatismo, una persona mate a otra. Cuando el fanatismo llega al poder político, suele desarrollar todo un sistema para la imposición de sus creencias, castigando a los opositores con la cárcel o incluso la muerte."(Definición de, 2021)

Precisamente, desde la sociología, se concibe al fanatismo como:

> "… un sentimiento expresado por una persona o grupo de personas que defienden "de manera exagerada y apasionada" **sus creencias religiosas, políticas, artísticas o deportivas.** No en vano, los casos que se conocen de personas que asumen este tipo de conductas, las muestran como aferradas a sus convicciones, las defienden con pasión, hasta el punto de considerar sus enemigos a quienes no comparten sus ideas o las refutan." (Bolívar, citado por Utria, 2021)

Así entonces, nos encontramos con que el fanático no solo se aferra a una idea y la defiende de manera exagerada, sino que es capaz de agredir a todos sus contradictores, al considerarlos sus enemigos. Cuando consideras a una persona como enemiga, te encuentras en una guerra contra ella, y la guerra es una situación donde despojas a los enemigos de sus derechos, y la concibes como una "no persona", ese es el sustento también del derecho penal del enemigo. Este comportamiento es explicado desde la psicología de la siguiente manera:

"La psicología afirma que el fanatismo surge a partir de la necesidad de seguridad que experimentan las personas que, justamente, son inseguras. Se trata de una especie de compensación frente a un sentimiento de inferioridad." (Definición de, 2021)

También desde el punto de vista de la psicología, se afirma lo siguiente:

"el fanático llega a serlo porque carece de cosas en las que apoyarse o que le llenen sus vacíos y sean afectivos, espirituales, económicos o de otra índole.

Ello puede ser el inicio de un apego desmedido y terminar en fanatismo." (Vega citado por Utria, 2021)

Es decir, que el fanatismo surge de las inseguridades afectivas de la persona, que termina por creer y aferrarse a una idea, para llenarlos. Una vez se siente seguro y tranquilo, cualquier contradicción le genera inestabilidad, y lo afecta. Su reacción puede ser explicada de la siguiente manera:

"en el fanático hay algo de omnipotencia y crueldad.

"Esa es su capa protectora porque algunos autores lo ven como una protección contra la psicosis. Una persona fanática nunca acepta incertidumbre, evolución y cambio de la vida, no acepta el misterio, ni lo que los sabios **saben justo porque es algo omnipotente, y no concibe la duda**".

Y agrega que el fanatismo es una forma de anticonocimiento porque las personas durante su desarrollo se crean sus propios conceptos con lo que les muestra su entorno, es decir aceptan la realidad que hay a su alrededor, pero el fanático no se nutre de realidades."(Reatiga, citada por Utria, 2021)

El fanatismo es sin duda un problema, puesto que crea reacciones irracionales, por comprender la realidad en blanco y negro, donde solo hay dos opciones: o en contra, o a favor. No existe una escala de grises, exponen sus ideas como verdades absolutas, omiten o suprimen las contradicciones o defectos de sus posturas, y exaltan los de sus opositores, y son capaces de inventar falacias para desprestigiarlos, y para exaltar las bondades de su posición.

La lógica presente en todos los hombres, exige como principio la coherencia, que exige la ausencia de contradicción. Por lo tanto, es propio de todo ser racional no incurrir por lógica en contradicciones. Así que cuando se genera una contradicción, lo lógico es resolverla y crear una respuesta o una solución lógica. Cuando se es un fanático, no se acepta la contradicción, ni la corrección lógica, se crea una falacia, que es un argumento falso, creado intencionalmente (sofismas) o por negligencia (paralogismo).

Si para algunas comunidades cristianas, beber licor es un pecado, ¿Por qué el primer milagro de Jesús fue convertir el agua en vino para una fiesta? Si Dios nos ama ¿Por qué las personas buenas sufren cosas malas? Si todos los hombres somos iguales ante los ojos de Dios, ¿Por qué las mujeres deben ser dóciles y serviles a sus esposos?

Frente a un cuestionamiento de una idea, las contradicciones deben ser asumidas dentro de un debate racional. Si la contradicción no puede ser superada lógicamente, debe ser aceptada, es decir, debe aceptarse que es verdadera.

También se debe entender que toda persona que sostiene una idea, tendrá el deber de soportarla. Si esa idea no puede soportarse, debe ser descartada como inválida.

Frente a estos temas lógico-argumentativos, los fanáticos plantean una justificación falsa o engañosa, con un cinismo absoluto. Es también una reacción humana, tratar siempre de justificar las acciones, así sean insostenibles. Los nazis justificaban sus actuaciones durante la segunda guerra mundial. Igualmente, se justificarían Stalin, Milosevic, Sadan Husein, Fidel Castro, Pinochet y muchos otros dictadores de izquierda y de derecha. Sería muy duro reconocer de su parte que toda su vida estuvo equivocada.

Ahora bien, desde el punto de vista lógico-argumentativo, hay que tener en cuenta que pueden existir dos argumentos totalmente contradictorios, pero igualmente válidos. Por tanto, en la argumentación no hay forma de establecer a veces un ganador o un perdedor. Desde el punto de vista jurídico, se plantean que existen casos fáciles, que tienen una solución aceptable por encima del 95%; unos casos difíciles que tendrían una solución aceptable en un 80%; y unos casos trágicos que tendrían una solución aceptable del 60%. De esta manera, se entienden que los casos difíciles y trágicos, el derecho deja la puerta abierta para una reconsideración hacia futuro, y una posibilidad de variar la posición y de cambiarla si en otras circunstancias y en otros tiempos, se puede aceptar una postura diferente.

El fanatismo con su lógica circular, no permite ni la contradicción, ni la controversia, ni la objeción, ni la posibilidad de cambio, es como decir que la Tierra es plana y el sol gira alrededor de ella, y todo el que refute esa verdad, comete una herejía. Si un fanático llega al poder, la libertad de pensamiento y la libertad de culto serían sus principales objetivos a destruir. Impondría su visión sobre temas como la dosis personal, sobre los derechos de las parejas del mismo sexo, sobre el aborto y sobre la eutanasia, sin dar campo a la diferencia de pensamientos, ni a la protección de los derechos de las minorías. Todo lo que esté fuera de su visión, o su pensamiento, no existe, o debe desaparecer.

El fanatismo es una visión de un individuo que puede convertirse en una de grupo, y no depende de un partido o una religión, es que como se dijo, ocurre cuando una persona se aferra a una idea, y reacciona de manera irracional frente a su contrario, no reconoce las falencias que tiene su posición, y desconoce las bondades de sus opositores. Llega a considerar a sus opositores como enemigos, y como tales, se sumerge en una guerra en su contra, llegando a veces a desconocerles su condición de seres humanos y seres racionales, rebajándolos a animales u objetos, dentro de una falsa visión de superioridad y arrogancia.

Así, pues en lo político, el reto no es ser de izquierda o de derecha, sino del centro.

En lo religioso, el reto es ser espiritualmente equilibrado entre lo que crees y lo que haces.

Y en lo deportivo, saber que se gana y se pierde.

En en Derecho penal, un fanático se convierte en un problema cuando:

1) Crea un grupo armado radical o terrorista, que realiza actos bárbaros para alcanzar con sus fines.

2) Llega al poder y comienza a hostigar y a matar a sus opositores.

3) Cuando crea una secta que hace prácticas que violan a mujeres y niños.

4) Y en general cuando logra unir a un grupo de personas, con el firme objetivo de hacerle daño o acabar con las personas que piensan diferente.

9. ¿QUE PASA EN LA MENTE DE LOS VIOLADORES?

Los violadores son sin duda uno de los delincuentes más complicados de tratar, por la gravedad de los hechos que realizan, y por la falta de tratamientos, que permitan garantizar su no reincidencia. Hasta el momento, la psicología ha sido muy útil en la perfilación de estos delincuentes, y en el estudio de sus motivaciones y factores de riesgo, pero desafortunadamente son los casos más problemáticos para la teoría de la resocialización del delincuente.

Según expone el profesor Garrido (2003, páginas 206-207), las violaciones pueden ser de tres tipos:

> Violación colérica, que es la que se realiza como producto de la ira, se realiza como un ataque de violencia por furia reprimida, y busca hacerle daño a la víctima desde el punto de vista físico.
>
> Violación por poder, que es la que realiza un individuo, solo para poseer sexualmente a una mujer, por tanto, no tiene como fin dañar a la víctima, sino solo tener la relación sexual, y si bien, la somete a través de amenaza (extorción, presión, acoso) y puede utilizar la fuerza solo si es absolutamente necesaria.
>
> Violación sádica, que es la que combina las dos anteriores, es decir, busca poseer sexualmente a la mujer, pero también infringirle daño.

En relación con la víctima, la violación colérica y la sádica, existe tendencia de la víctima a denunciarla, pues al ser violentada físicamente, tiene suficientes pruebas para sustentar su condición de víctima, en cambio en la violación por poder, cuando no se presentan marcas de violencia, la víctima adquiere un sentimiento de culpa trasmitido por el violador, y ella siente que pudo haber hecho más o evitar la situación (Garrido, 2003).

También se debe decir, que existen violadores en serie, es decir que convierten la violación en una forma de vida, atacando a víctimas por causas como, el odio a las mujeres, el machismo exacerbado y problemas de formación sexual, o la dificultad para relacionarse con el sexo opuesto o con una persona en igualdad de condiciones. Estos violadores seriales pueden atacar a las víctimas de forma brutal, secuestrándolas o privándolas momentáneamente de la libertad, amarrándolas o drogándolas, para luego ensañarse a la violencia y maltrato, y en muchos casos termina en la muerte de la víctima (Garrido, 2003).

Otros, violadores seriales solo son asaltantes, que cometen violaciones relámpagos, asechan a la víctima, buscan el momento en que puedan estar vulnerables, la someten y realizan el acto criminal (Garrido, 2003).

Garrido (2003), menciona que el 50% de las violaciones las realizan los conocidos de las víctimas, en parte familiares, pero hace énfasis en dos situaciones principales, y son, la primera entre personas que están saliendo como parejas, y en medio de la relación se presenta una violación, y ello es muy trascendente, pues por un lado poco se denuncia, pues es difícil denunciar la violación por parte de una persona con la cuál estas saliendo o tienes una relación afectiva, y segundo, porque se revela que del 20 al 15% de las estudiantes han sido víctimas de este tipo de violación. La otra situación se trata de las violaciones entre esposos, donde también hay un alto porcentaje de impunidad.

En todo caso, el objetivo que busco abordar en este aparte, es qué tienen los violadores en la cabeza, y Garrido (2018) menciona que "los violadores presentan personalidades anormales, incluyendo tendencias psicopáticas, distorsiones cognitivas y actitudes sádicas.

Los pedófilos por ejemplo, son personas "incapaces de establecer relaciones genuinas y satisfactorias con los demás, con una autoestima baja y con pobres habilidades de relación, así, como un deficiente autocontrol" (Garrido, 2012. Pág. 230) también se menciona, que ellos se ven a sí mismos como resentidos, aislados y con menos capacidad para relacionarse con su circulo social y tomar decisiones adecuadas ante problemas (Garrido,2018. Pag. 230).

Cuando los pedófilos son familia o cercanos de la víctima, la amenazan con inculparles frente a sus padres o amigos, y cuando son profesores, monitores o sacerdotes, el abuso se disfraza con afecto o interés, y el abuso puede prolongarse durante años (Garrido, 2018. Pág. 230)

Los abusadores sexuales, siguen un ciclo que se ha denominado el ciclo del abuso sexual, que son los acontecimientos cognitivos y comportamentales que suceden antes, durante y después del abuso sexual.

Cabe resaltar entre varios modelos de ciclo de abuso las siguientes situaciones:

1) No se trata de un acto impulsivo, el abuso es un acto planificado previamente.
2) Es un patrón aprendido disfuncional para hacer frente a los problemas, por lo tanto disminuye el autocontrol y las habilidades de afrontamiento. Suelen presentarse experiencias negativas que causan tristeza, depresión o ansiedad.
3) El abuso es un acto que alivia la ansiedad y el malestar sufrido por el abusador, por sentimientos de desesperanza o falta de control asociados a estímulos provocadores previos al delito.
4) Se reafirma con la fantasía sexual del criminal, y entre más aumenta la excitación, aumenta el impulso al abuso sexual.
5) Una vez realizado el acto, se producen efectos adictivos.
6) En algunos casos, después de realizar el acto, puede experimentar sentimientos de culpa, y teme que lo atrapen.

7) Se presentan distorsiones cognitivas que racionalizan el hecho y lo justifican para el delincuente.

En el caso de los abusadores sexuales, la falta de empatía se traduce en la distorsión del dolor de la víctima, y la justificación de sus actos:

> "Esta incapacidad para sentir el dolor de sus víctimas les permite decirse mentiras que estimula su crimen. En el caso de los violadores, las mentiras incluyen, entre otras, "las mujeres realmente quieren ser violadas", o "si ella se resiste, lo que hace es esforzarse por acabar"; en el caso de los abusadores de niños, las mentiras pueden ser: "No estoy haciéndole daño a la criatura, solo mostrándole amor", o "esto solo es otra forma de afecto"; en el caso de los padres que maltratan físicamente a sus hijos, "esto solo es disciplina". Todas estas autojustificaciones están extraídas de lo que las personas tratadas por estos problemas dicen haberse dicho mientras agredían brutalmente a sus víctimas o se preparaban para hacerlo." (Goleman, 2023. pág. 134)

En el caso de los abusadores sexuales, Goleman (2023. Pág. 134), explica el ciclo de la violencia y los problemas de tipo psicológico que enfrenta el delincuente al realizar su crimen:

> "El ciclo comienza cuando el abusador se siente perturbado: furioso, deprimido, solitario. Estos sentimientos podrían ser activados, por ejemplo, al ver parejas felices en la televisión y a continuación sentirse deprimido por estar solo. Entonces el abusador busca solaz en su fantasía favorita, que suele ser la de una calidad amistad con un niño; la fantasía se convierte en una fantasía sexual y termina en masturbación. Posteriormente, el abusador siente un alivio pasajero de

tristeza, pero ese alivio es fugaz; la depresión y el sentimiento de soledad vuelven, aun más acentuados. El abusador empieza a pensar en convertir la fantasía en realidad, dándose justificaciones como: "No estoy causando ningún daño real si el chico no resulta dañado físicamente" y "Si un niño no quisiera realmente tener una relación sexual conmigo, podría evitarlo".

En este punto, el abusadore ve a la criatura a través de la lente de la fantasía perversa, y sin empatía por lo que un niño real sentiría en esa situación. Ese desapego emocional caracteriza todo lo que sigue, desde el consiguiente plan para encontrar a la criatura a solas, hasta el cuidadoso ensayo de lo que sucederá, y luego la ejecución del plan. Todo esto es perseguido como si la criatura en cuestión no tuviera sentimientos propios; en lugar de eso, en su fantasía el abusador imagina la actitud cooperativa de aquella y no tiene en cuenta sus sentimientos de repulsión, temor y disgusto. Si estos se manifestaran, las cosas quedarían arruinadas para el abusador." (Goleman, 2023. Pags. 134-135)

Menciona Garrido (2012. Pág. 221) hay un ciclo de violencia sexual y un ciclo de abuso sexual, pero que "los factores más relevantes son los mismos, existiendo diferencias en el contenido específico de las fantasías y las conductas negativas, así como en el contenido de las distorsiones cognitivas. Por ejemplo, el ciclo del abuso sexual se vincula como es lógico, con pensamientos (fantasías) y conductas sexuales, mientras el ciclo de la violencia, se relaciona con temas referidos al poder, control y a las fantasía y conductas agresivas. Sin duda ambos tipos de ciclos pueden darse de forma combinada."

Tenemos entonces que los abusadores y violadores, al momento de iniciar el ciclo, sufren un hecho o un evento que detona los pensamientos anómalos, que a su vez generan las fantasías sexuales también anómalas. Estas situaciones generan a su vez, justificaciones o pensamientos anormales que anulan el autocontrol, (yo y super yo) e impulsan al individuo hacía el abuso o violación.

En este orden de ideas, encontramos siempre un hecho generador, motivador o que desencadena una serie de pensamientos anómalos, que afectan el desarrollo sexual del individuo, y se habla así del concepto de perturbación, para explicar la interrupción de ese normal desarrollo. Garrido (2012. Pág. 217) explica desde la perspectiva del desarrollo infantil, "una perturbación es el resultado de un hecho traumático como la ruptura del proceso de apego, y cualquier otra forma de maltrato (físico, sexual y emocional)."

Por ejemplo, si un niño es víctima de abuso, se genera un hecho traumático que produce "una perturbación en el desarrollo psicosexual, cognitivo y social del niño, a través del daño hecho a la relación de apego con los padres y la inhibición de las interacciones con los compañeros." (Garrido 2012. Pag. 217).

Así en el mismo orden de ideas, el maltrato del niño por parte de su madre, puede generar reacciones misóginas, que en un futuro podrían provocar una agresión o una violación a una mujer.

Igualmente, la depresión causada por no saber relacionarse con personas del sexo opuesto o con otras personas, y imposibilidad de entablar una relación en igualdad de condiciones, el ser sometido a rechazos o humillaciones por problemas en la comunicación, van generando una rabia y un enojo que pueden desencadenar agresiones sexuales, precisamente, pues esas depresiones generan pensamientos como "me las van a pagar", "ella quiere que la violen, por qué yo no puedo", "por qué acepta a otros, menos a mí". Son esos pensamientos anómalos

los que justifican los actos criminales posteriores en un ciclo de violencia o abuso sexual.

10. ¿QUE PASA POR LA MENTE DE LOS QUE DELINQUEN POR DINERO?

En los delitos económicos hay que hacer una gran diferencia entre tres grupos de delitos:

Los delitos callejeros, hurtos, estafas, extorsiones, secuestros extorsivos, que son realizados por regla general por personas que vienen de estratos socioeconómicos bajos, de barrios pobres y de familias de escasos recursos. En este punto también habría que incluir todos los delitos relacionados con el tráfico de drogas y de armas.

Los delitos económicos, como el contrabando, los delitos ambientales, los delitos societarios, los delitos tributarios, los delitos contra el régimen financiero, la administración desleal, la corrupción privada. Estos delitos los llamados de cuello blanco, realizados por personas que ostentan poder económico, que dirigen y administran grandes empresas y capitales.

Los delitos de corrupción pública, el peculado, la celebración indebida de contratos, el cohecho, la concusión, el prevaricato, realizados por los que ostentan el poder en las instituciones gubernamentales y públicas, y que se constituyen en los otros delincuentes de cuello blanco.

A pesar de ser tres grupos perfectamente identificables, y sus conductas son muy particulares, en muchas ocasiones confluyen y se relacionan dependiendo de las sociedades. Shuderland siempre llamó la atención a que el sistema penal se concentrara en los delitos callejeros, y que los delincuentes de cuello blanco gozaran de impunidad, cuando ambos se realizaban tal vez en las mismas proporciones y montos (Baratta, 2004).

En la sociedad actual, la acumulación de bienes, de dinero y poder, son una de los modelos de vida a seguir (Zaffaroni, 2013), la riqueza es un ideal, la pobreza es una desgracia. ¿Quién no quisiera pasar de ganarse en un día lo que se gana en un mes, y pasar de ganar lo que gana en un año, en un mes? Ese es el ideal y el modelo del éxito, pero no todos se encuentran destinados a lograr ese ideal a través de un trabajo o a través de un emprendimiento empresarial, pues existe el fracaso también, existe la competencia, y la competencia desleal, existe la violencia estructural, y la corrupción.

Hay quienes viven felices con poco, que viven felices con lo justo, y hay quienes viven felices con lo mucho que producen legalmente.

Así las cosas, las personas hacen unas valoraciones entre lo que quieren y lo que pueden lograr, y una relación entre costos y beneficios, así entonces, si lo que quiero lo puedo lograr trabajando duro, ahorrando o generando empresas, no tendré sino frustraciones pequeñas o temporales, pero si lo que se quiere no se pueden lograr, de ninguna forma, la frustración es enorme y permanente. ¿El problema es qué se debe hacer para lograrlo?

Y cuando la lógica es todo se arregla con dinero, y el dinero todo lo puede, la motivación para la realizar actos ilegales para conseguirlo es mayúscula

Así las cosas, los delincuentes callejeros quieren tener lo que tienen los otros, o quieren ganar más dinero de lo que les daría un trabajo, pues se dedican a delinquir, para obtener los bienes y el estatus que quieren, su límite se encuentra en el costo beneficio, y ahí es importante el derecho penal, al momento de combatir esa delincuencia, para aumentar el riesgo de ser capturados, procesados y condenados. Si existe mucha impunidad, los delitos callejeros se disparan, si no existen alternativas de empleo formal, los delitos callejeros se disparan. Como explicó Bethan, el hombre reacciona positivamente a lo que le hace bien, y negativamente a lo que le produce dolor.

En el caso de los delitos económicos privados, lo que hoy se llama la delincuencia penal empresarial, cuando tus proyectos no producen lo que requieres para obtener lo que quieres, y no te permiten sostener o mejorar tu estatus, se buscan alternativas ilegales para sostener dicho estatus. Una sanción por violación de normas ambientales, o una sanción tributaria que ponga en riesgo el estatus del empresario, lo hacen pensar en medidas drásticas para su supervivencia (Zaffaroni, 2019). Perder un cliente importante o un contrato importante, que ponga en riesgo la estabilidad de su empresa, puede motivar la toma de decisiones que impliquen actos delictivos, para sobrevivir o mantener su estatus. Aquí vuelve la importancia del derecho penal en la prevención de estos actos delictuales, en relación con los costos y beneficios, si hay mucha impunidad en la investigación de estos delitos, pues habrá propensión a que estos aumenten. Ahora bien, por otro lado, los delincuentes de cuello blanco, buscan ventajas que les permitan ganarle a su competencia y crecer económicamente, con dicha motivación, y con poder económico, inician actos de corrupción pública y privada para garantizarse un trato preferencial en el acceso a beneficios en contratos y en clientes.

En el caso de los delitos de corrupción pública, realizados por funcionarios públicos, hay que diferenciar también entre los delitos de corrupción que se realizan por menudeo, es decir, el del policía o funcionario que realiza actos contrarios a sus funciones por montos insignificantes, y los delitos de corrupción de gran envergadura que implican sobornos para la celebración de contratos de grandes cuantías. Ambos tipos de corrupción pueden generar una corrupción ocasional o aislada, o una corrupción crónica, en la cual se institucionaliza que todo acto gubernamental requiere de un acto previo de corrupción. En últimas los corruptos públicos buscan mantener su estatus, su poder político y económico, los políticos de elección popular, buscan los recursos para financiar sus elecciones, los políticos burócratas (libre nombramiento y remoción, empleados de carrera y contratistas) buscan mantener su poder para seguir en el cargo y lograr beneficios adicionales derivados de este. Todos buscan en ejercicio de una función pública, alcanzar sus metas, ambiciones y sueños.

De esta manera, se generan justificaciones y pensamientos que rayan con la legalidad en cada uno de los grupos.

En el delincuente callejero, "yo nací en un barrio pobre, y no quise seguir siendo pobre", "mi padre era pobre, y yo no quise seguir su legado de pobreza" "a los pobres no los ayuda nadie y se mueren de hambre" "nadie sale de la pobreza con un salario pobre"

En el caso del delincuente económico, "no es fácil sobrevivir a la competencia", "la industria es una selva donde gana el más fuerte", "yo soy el responsable de la subsistencia de todos mis trabajadores"

En el funcionario corrupto, "Todos hacen lo mismo y no les pasa nada", "yo soy el que me sacrifico por todos, y no recibo nada" "tanto que va a ganar gracias a mí, y no me agradece ni un poquito"

Como se dijo anteriormente, los callejeros, los empresarios y los políticos, pueden confluir en actividades delictuales en cooperación, como los empresarios que lavan dinero de los callejeros y de los políticos. De los políticos y los empresarios cuando celebran un contrato estatal mediando actos de corrupción, y de los políticos con los callejeros cuando hacen acuerdos de impunidad, para que los callejeros puedan delinquir sin ser perseguidos. Y cuando los tres grupos se ponen de acuerdo para repartirse el dinero, es el acabose de la sociedad, porque los políticos dejan delinquir a los empresarios y a los callejeros a cambio de dinero, y ni los empresarios, ni los callejeros se oponen a los corruptos en sus delitos, y los ayudan a realizarlos, ese es el mejor escenario para los delincuentes, y el peor para la sociedad civil.

Cabe decir también que en cada uno de los grupos existen subgrupos, como las pandillas, las mafias y organizaciones criminales, y los grupos al margen de la ley. Dentro de dichas organizaciones, también existen jefes, subjefes y miembros rasos. Cada uno con un grado de poder diferente, diferentes ingresos y pretensiones de ascender dentro de la organización, que lo logran, haciendo bien su trabajo delincuencial.

En el caso de los empresarios, existen empresas personales, familiares, empresas nacionales y multinacionales. Dentro de cada empresa, existen los socios, los empleados directivos, los jefes de departamentos y los empleados. Cada uno tiene sus estructuras jerárquicas, tienen sus funciones e ingresos, y también tienen pretensiones de ascender en las organizaciones. El problema en esas organizaciones, cuando son permeadas por la criminalidad, es que a veces para mantener un estatus o ascender, se deben realizar actos ilegales.

En el caso de los funcionarios públicos, existe una estructura gubernamental, diferentes cargos públicos y funciones, con diferentes ingresos, y cada uno también tienen pretensiones de ascender en las organizaciones. La problemática es que cuando la corrupción se apodera de las estructuras gubernamentales, la forma en que se mantiene un estatus o se asciende es realizando actos delictivos.

Este tipo de delitos se aprende, es decir, la forma en como se ejecuta el delito requiere de un plan de ejecución, que se enseña como una escuela, y se coordina entre todos los miembros de la organización, en un plan y una división de trabajo.

Así las cosas, cuando los valores y principios se invierten, y para ascender y obtener el poder y el dinero, se requiere realizar actos delictivos, la situación se revierte en un tema muy complicado de corrupción crónica, donde la ética y la legalidad que deben ser la regla general se convierte en la excepción.

11. ¿QUÉ TIENEN LOS DELINCUENTES EN EL CEREBRO? LA TEORÍA DE LA COMPULSIÓN DEL PROFESOR MAURO TORRES.

Se trata de una teoría que refuta la tesis de Lombroso del delincuente nato, al considerar al delincuente como un hombre no evolucionado y salvaje, partiendo de anomalías morfológicas. Según el profesor Torres (2009), la teoría lombrosiana, no tiene sustento en la antropología, pues no se puede asociar al hombre moderno, con un hombre no evolucionado o con un primate, pues no hacen parte del mismo árbol genealógico, del cual se separaron al desarrollarse el gen del hombre moderno, y que lo diferenció del resto de primates y de hombres prehistóricos.

De acuerdo con el profesor Torres (2009), el hombre moderno (homo sapiens sapiens) surge de un antepasado que evolucionó no solo en el uso de herramientas, sino también en su arte y creatividad, y posteriormente de su raciocinio y poder de invención, lo cual en definitivamente lo diferencia de los primates, y de los demás antepasados ya extintos como el hombre Neardental o el Cromañon. Por lo cual, no existe un hombre o una clase de hombre primitivo, todos somos descendientes de un antepasado común.

Por otra parte el profesor Torres (2009), también se encarga de controvertir la tesis de Freud, quien considera que el origen de todos los delitos es el incesto (deseo de matar al padre para quedarse con la madre), partiendo del complejo de Edipo y el complejo de Electra. Para el profesor Torres (2009), el primer delito que registra la antropología, es el delito de la guerra, y partiendo del código Hamurabi como primera referencia escrita de una ley penal, se evidencia, que no solo el incesto estaba prohibido, sino también muchos otros delitos establecidos con pena basada en la ley del talión. Para el citado profesor (Torres, 2009), en la medida en que el hombre funda las primeras ciudades, comienza a establecer las primeras reglas de convivencia, y no hay prueba fehaciente de que el origen de todos los delitos sea el incesto como sostiene Freud. Por eso plantea, que el origen de los delitos son las compulsiones que se relacionan entre sí, y hacen parte de un mismo sistema de comportamiento contrario a las leyes:

> "Es un inmenso sistema compulsivo, cuyas partes -las compulsiones- se hallan entrelazadas en una vasta red de relaciones, de acuerdo con la cual, todas tienen un mismo rango en cuanto a su importancia, ninguna de ellas puede ser conocida por fuera del sistema, ni mucho menos "combatida por fuera del sistema, de aquí el fracaso rotundo de las políticas de los gobiernos que se empeñan en combatir compulsiones aisladas." (Torres, 2009)

Por otro lado, según el profesor Torres (2009), sí existe en cierto momento de la historia la mezcla entre un hombre que creo y desarrolló la agricultura, la ganadería, construyó ciudades, creando una cultura sedentaria, en contravía de un hombre menos evolucionado que aún vivía de la cacería, de la recolección, que corresponde a una cultura nómada. Dice que el contraste de estos dos estilos de vida, generó las guerras, lo que se puede evidenciar con ejemplos como las guerras entre los chinos y los mongoles, y las guerras entre los romanos y los pueblos bárbaros. Y además de lo anterior, se estableció también un cambio significativo de la historia:

> "El primer efecto de esta confrontación entre pueblos guiados por sistemas antitéticos, fue la transformación de la historia en historia masculina pues fueron los

hombres los que se hicieron cargo de las guerras tanto en el bando de los pueblos civilizados, como en el de los nómadas bárbaros siendo los poseedores de las armas, los músculos, las hormonas, la belicosidad, el gusto por el combate y el deseo de poder. Dentro del mecanismo de la historia masculina guerrera se produjo una lógica y fatal consecuencia: que la mujer que había participado junto al hombre en las faenas de las eras evolutivas, ahora, en la historia, se hizo a un lado de los acontecimientos y se refugió en su poderoso instinto materno que no tuvo por qué disminuir con el paso de las eras evolutivas a la históricas." (Torres, 2009)

11.1. LAS COMPULSIONES Y EL ORIGEN DE LOS DELINCUENTES

Para el profesor Torres (2009) los delitos son el producto de las guerras, las compulsiones y los efectos del alcohol en el cerebro. Así las cosas, como dijimos anteriormente, las guerras fueron la primera fuente de los delitos. En relación con el alcohol, se dijo que al producir el hombre bebidas alcohólicas como la cerveza y el vino, en tanto, que puede evidenciarse que la ingesta de alcohol, como causa de riñas, peleas, enfrentamientos, actos irresponsables, accidentes de tránsito y de malas tomas de decisiones (Torres, 2009), que son la causa de muchos delitos.

Según un estudio realizado con más de 300 reclusos en Colombia, el profesor Torres (2009) demostró que el alcoholismo era un factor reincidente en la mayor parte de los delincuentes (el 42.6% de 374 familias y el alcoholismo compulsivo se presentaba en el 45.99% que representaba a 1563 individuos de 2800 personas analizadas), ya sea ellos directamente, o ya sea por sus padres. A su vez, se establece dramáticamente, que el alcoholismo se transmite hereditariamente, y no solo entre padres a hijos, sino también de abuelos a nietos, pues se trasmite genéticamente, así que los problemas propios que produce el alcohol en las conductas de las personas y sus familias, también se transmiten de generación a generación.

Pero el problema no para en este tema, sino que el profesor Torres (2009) ha planteado que el etanol, contenido en el alcohol, ingresa a las células sexuales (ovulo y espermatozoide), creando una mutación genética que produce una anomalía en el cerebro, que genera compulsiones de diferente índole, entre ellas, realizar conductas delictivas.

La compulsión es definida por el profesor (Torres, 2009) como:

> "Esa fuerza irresistible que caracteriza la dinámica de la compulsión, presiona el comportamiento de algunos hombres -no de la especie entera ¡al menos por ahora¡-, como si fuera una Voluntad Superior, muchísimo más poderosa que la voluntad personal, a realizar actos invertidos, lesivos de los demás en algunos, y siempre sin capacidad adaptativa, (...), con el agravante de que una sola persona puede padecer placenteramente -¡notable paradoja¡- varias compulsiones, moviéndose como pez en el agua entre compulsivos, por la afinidad que existe entre ellos, debido al aire de familia que los caracteriza."

Desde el punto de vista cerebral lo explica, de la siguiente manera:

> "Ahora bien, ya tenemos formado el centro compulsivo en la corteza orbital del lóbulo frontal del hemisferio cerebral derecho y los neurocircuitos correspondientes a esta estructura de neuronas, que son el producto de la proteína anormal con sus neurocircuitos patológicos, desde donde parten los potentes impulsos que buscan la

satisfacción correspondiente a cada una de las compulsiones con que haya sido afectado el comportamiento: potentes impulsos que demandan urgentemente comida en el glotón, droga en el drogadicto, una víctima en el delincuente, alcohol en el alcohólico. Este es el momento compulsivo de estos males, acompañado de enorme ansiedad por el compulsivo mientras su deseo intensísimo se realiza, que no se parece a los deseos naturales por su gran fuerza." (Torres, 2009)

Continuando con el estudio, la consecuencia de dicha compulsión es la siguiente:

"Por eso se comprende el fenómeno extraordinario de que el compulsivo no puede controlarse, no puede reprimir su deseo, es como si tuviera una Voluntad Compulsiva que es mucho más poderosa que la voluntad personal del compulsivo. El deseo natural de una persona normal es controlable, reprimible, aplazable. Un delincuente, en cambio, no puede aplazar sus deseos de delinquir, ni es capaz de reprimirlos: su imperativo incontrolable le ordena robar, violar, asesinar, asaltar." (Torres, 2009)

Y plantea el mismo profesor Torres (2009) que la compulsión genera adicción, pues cuando el compulsivo alcanza su objetivo, robar, matar, comer, fumar, "sienten alivio y enorme placer porque la satisfacción ha estimulado los centros adictivos, o centros del placer, o de recompensa, que se hallan en la parte interior del cerebro, abajo, en la zona límbica, y se conocen con los nombres de núcleo accumbens, amígdala, septum que secretan un neurotransmisor químico conocido como Dopamina que genera el enorme placer que experimenta el compulsivo cuando el objetivo de su compulsión ha sido conseguido."

Y concluye sobre este punto el mismo Torres (2009) lo siguiente:

> "Nosotros vemos dos momentos en cada compulsión, el comienzo y el término, el violento deseo consciente nacido en el centro compulsivo y la satisfacción en el centro adictivo; la voluntad compulsiva que ordena la realización de la necesidad compulsiva y ante la cual la persona no puede resistir, y el clímax del placer, por la secreción de los químicos del placer cuando el deseo ha logrado cumplirse."

11.2. LA COMPULSIÓN Y LA REINCIDENCIA EN EL DELITO

La problemática de la compulsión, es precisamente su control, pues la compulsión no desaparece, y puede recaer nuevamente, así lo explica el profesor Torres (2009):

> "Una persona que comenzó a fumar por simple imitación o por estímulo del medio, se vuelve adicta, pero no ha heredado su adicción y le es más fácil curarse. Aquí hablamos de un solo momento: la adicción. En cambio, la adicción correspondiente a una compulsión no es aprendida, sino heredada, y la persona puede dejar la adicción, pero continúa siendo compulsiva, ya que las estructuras neurológicas del centro compulsivo se formaron por la intervención del gen mutado por el alcohol. Para tratarse -no decimos que para curarse-, se debe suprimir la adicción a cualquiera que sea las distintas compulsiones posibles, pero debe saber que la compulsión continúa. Un alcohólico o un delincuente, pueden haberse conservado abstemios durante muchos años, más si se descuidan, vuelven a reincidir, porque si

bien han desestimulado el centro adictivo, el centro compulsivo siguió activo."

Por lo anterior, se podría explicar la tendencia de reincidir de un delincuente, luego de haber sido, capturado, procesado y condenado, y luego de cumplir con su condena, decide realizar nuevamente el acto, y muy a pesar de haber recibido tratamiento. Ahora bien, los riesgos de incidencia aumentan, si a pesar de que el personaje ha sido encerrado, no ha recibido ningún tipo de tratamiento para controlar la adicción, y por lo menos, manejar la compulsión.

11.3. EXISTEN TRES CLASES DE CEREBRO, LOS NORMALES, LOS ENFERMOS Y LOS DELINCUENTES.

El profesor Torres (2009) manifiesta que existen tres clases de cerebro, el de los hombres normales, el de los locos y el de los delincuentes. Y que estás clases de cerebro, dependen en principio de la genética, luego de los estímulos sociales y ambientales, y también de la configuración propia del cerebro. En relación con el cerebro criminal, manifiesta su diferencia con los cebros normales de la siguiente manera:

"Repetimos que el delincuente es nuestro coespecífico, miembro como nosotros de la especie humana mestiza de sapiens y de nómada. Lo que en él cambia y lo hace pertenecer a otro universo, lo que hace que practica actos extraños, enteramente invertidos, lo que hace que tenga sentimiento que se riñen con los sentimientos de las personas normales ajustadas a la existencia adaptada, lo que hace que su sentido moral gire radicalmente al otro extremo del sentido moral aceptado por los códigos morales, es ese cerebro afectado precisamente en la región supraorbital de la corteza del lóbulo frontal del hemisferio cerebral derecho, que subvierte como si eso fuera lo debido; a violar como si eso fuera natural; a robar, a estuprar, a estafar, a incestuar, a venderse como mano asesina del sicario, como si eso fuera lo aceptable, precisamente por está prohibido, ya que lo prohibido se convierte en un incentivo para el acto criminoso, porque el no matarás, el no robarás, el no birlarás a la mujer de tu prójimo, (...) despiertan en ellos ese misterioso regusto por matar, robar, por birlar la mujer del prójimo..."

Así la lógica del delincuente es totalmente diferente a la lógica común:

"El se siente diferente -y así me lo han confesado- y desprecia y se riñe con el modo de ser de la gente común; cree que su modo de ser es el mejor, cree que él tiene la razón y que los equivocados son los otros. cada día que pasa se acentúa ese sentimiento de ser diferente, de suerte que golpea con convicción, vaganbundea con convicción, roba y maltrata con convicción, sus patrones morales rompen con los patrones morales de gente de bien, que él cree que es la que obra equivocadamente. La ruptura es a fondo, porque los comportamientos que nacen de su cerebro tienen una dirección enteramente opuesta al común de las personas. Desprecia los consejos que le llueven de la familia, el colegio o la sociedad. No escucha, no entiende por qué le dicen que debe cambiar, si él se siente a gusto con su modo de actuar, y lo defiende desde niño, y pone en movimiento todas sus facultades mentales para sostener su modo de ser; su inteligencia, su ingenio, su astucia, todos sus talentos se ejercitan desde muy temprano para defenderse del medio que lo acosa con castigos y consejos: no hay duda alguna: su existencia ha tomado un rumbo diferente que contrasta con el de los otros, porque su cerebros no es igual al de los otros: nació con un cerebro distinto que emite comportamientos extraños a los aceptados por la familia y la sociedadi" (Torres, 2009)

También menciona Torres (2009), que de no ser por la compulsión, el delincuente sería un persona normal, pues:

> "Porque el delincuente cuando está en la cárcel y no se haya bajo el fuero de su compulsión es una persona común y corriente, como cualquier individuo normal. Razona, reflexiona, construye juicios, intercambia ideas, como cualquier persona normal. Debe saberse que los compulsivos en general y el delincuente en particular tienen una mentalidad correcta y si no fuera por la compulsión que los impulsa al crimen podría colocárselos en la primera mentalidad o mentalidad normal (...) cosa muy distinta a lo que ocurre con el enfermo mental, con el psicótico o el neurótico, con el loco, para decirlo de una manera coloquial, que inmediatamente se distingue del médico por su comportamiento alterado, sus ideas disparatadas, sus delirios, alucinaciones, extravagancias, actitudes absurdas, comportamientos dolorosos como ene el depresivo agobiado por la culpa o por los deseos de no vivir, o como el maniaco hiperactivo, hiperoptimista, que habla sin parar y asocia todo cuanto ocurre a su alrededor en un flujo disparatado de sentimientos. (...).
>
> No. El delincuente tiene una mentalidad en forma -a menos que sea un caso mixto compulsivo y enfermo mental-, el reflexiona y pronuncia juicios correctamente, ni delira, ni alucina, ni quiere suicidarse, ni se ve

agobiado por los sentimientos de culpa, ni quiere morirse, ni dice disparates, sino que es cuerdo en su conversación y en sus argumentos. Las funciones mentales del delincuente son enteramente normales, otra cosa es que la ponga al servicio de su compulsión delictiva, que es lo que llamo la mentalidad compulsiva de acuerdo con la cual la compulsión se ve respaldada por la inteligencia, la razón, la conciencia, el ingenio, la astucia, justamente para no hacer locuras, como me lo han dicho en repetidas ocasiones. Un loco quiere robarse la luna o la placa del carro que desea hurtar, un ladrón con su fino talento y agilidad en segundo desocupa un apartamento." (Torres, 2003)

Este es el sustento de Torres (2003) para sostener la diferencia que existe entre un delincuente y un loco, así como anteriormente se señaló, como se diferencia un delincuente, de una persona normal, para llegar a exponer, que existen tres clases de mundos de acuerdo con el tipo de cerebro. También soporta el hecho de la existencia de la compulsión en el cerebro del delincuente, cuando en sus entrevistas con ellos, al preguntarles la razón por la cual delinquen, mencionan primero, la pobreza, la corrupción, la familia, pero luego, comienzan a plantear que de niños eran muy rebeldes, que nunca escuchaban cuando eran corregidos, ni hacían caso, y que el delito le salía natural, y plantean que sienten una fuerza que los lleva a cometer actos prohibidos, sin que puedan resistirse a ella (Torres, 2003), y concluye:

> En todas estas manifestaciones se palpa con claridad, que el delincuente es movido por presiones mentales internas, superiores a toda consideración como si fueran impulsados mecánicamente por una máquina invisible cuyo poder no pueden resistir; ni el horro, ni miedo al escándalo o la cárcel, son suficientes para que se contengan. (...) del mismo modo de una persona que nació normal actúa de manera normal, ellos actúan de

modo invertido, y ninguno, ni el normal, ni el delincuente, se preguntan por que actúan así: simplemente les sale actuar de ese modo." (Torres, 2003)

11.4. LAS COMPULSIONES EN LAS MUJERES

Por último, el estudio también abarcó a las mujeres, y se encontró que así como los hombres, las mujeres también heredan la compulsión, y realizan delitos por compulsión. La diferencia se encuentra en los medios, según mencionan las mujeres, que son independientes de los hombres para cometer delitos, y esto es, que los hombres son más dados a utilizar la fuerza y las armas de fuego, y las mujeres, el engaño y el encanto (Torres, 2003).

En igual sentido, el profesor Torres (2003) niega la premisa de Lombroso según la cual, el lado delincuente de una mujer es ser prostituta:

> "... la delincuente compulsiva no puede ser prostituta, en tanto que la prostituta compulsiva no puede ser declarada delincuente compulsiva, pero que , como dice Natali, que la cono muy bien, lo único que sabe hacer es desplumar (atracar, robar) a sus clientes en la cama, esto es, que la prostituta, por miedo, en razón de su sexo femenino, ejerce una solapada forma de delincuencia directa, que incluye, además, los hechos de sangre, y una delincuencia indirecta como proverbial cómplice de los hombres que delinquen, protegiéndolos y ayudándolos."

De esta forma, plantea Torres (2003) que no se trata de un problema de género, pero sí llama la atención de que la población de delincuentes sea mayor la masculina que la femenina, y que, por ello, surge la necesidad de hacer estudios posteriores para soportar este hecho.

Sin embargo, se debe plantear que las mujeres delincuentes sí existen, pero su papel secundario, de meras cómplices o colaboradoras las deja al margen muchas veces de la justicia penal, por falta del protagonismo en los hechos, generándose una cifra negra en relación con la delincuencia femenina.

También cabría señalar que muchas mujeres no son denunciadas por vergüenza o compromiso de la víctima. A muchos hombres por machismo les da vergüenza admitir haber sido engañado, hurtado o estafado por una mujer. Igualmente, muy pocos hombres admitirían ser acosados por una mujer, o ser violados por una mujer, también por el complejo machista. En muchas ocasiones los delitos de las mujeres se encuentran relacionados con el sexo o bares, y los hombres casados, comprometidos o que tienen un estatus, no quieren verse involucrados en un escándalo, por lo cual, deciden no denunciar y dejar las cosas así.

Otro de los factores que se presenta en el crimen femenino es su modus operandi, por regla general, las mujeres acuden al engaño o a la estafa, para realizar los delitos, y por ello, muchas no son detectadas y gozan de gran impunidad, pues sus engaños no son descubiertos. Por ejemplo, si un hombre, asesina a otro, por regla general lo hace con un arma de fuego o un cuchillo, una mujer en cambio utiliza un veneno difícil de detectar, así las cosas, es incluso confundible con una muerte natural, o con un accidente. Además de lo anterior, por su imagen maternal, las personas no se sienten amenazadas por una mujer, y pierden el sentido de prevención haciéndose más vulnerable bajando la guardia.

Así las mujeres tienen un bajo grado de criminalización ya sea por papel secundario en el delito, ya sea porque su modus operandi (engaño) son más difíciles de detectar, o porque la mayor parte de la sociedad no las ve como una amenaza real, hasta que se produce el delito.

11.5. ANALISIS CRITICO DE LA PROPUESTA.

Esta propuesta, plantea la posibilidad de una mega estructura que explica la razón por la cual los delincuentes delinquen, partiendo del hecho de que solo los delincuentes, padecen de compulsiones, que les impiden frenar sus impulsos a realizar diferentes clases de delito, de acuerdo con la personalidad del delincuente.

Que dichas compulsiones pueden consistir en conductas lícitas como el glotón o el drogadicto, que son impulsados por las compulsiones a consumir comida o drogas, pero que ello, no implica ningún delito. Sin embargo, existen otras compulsiones ilícitas, como el hurto, la estafa, el asesinato, la violación, que ya tienen un componente delictual, pero que todas las compulsiones parten de un sistema común.

Partiendo de la existencia de las compulsiones, ya sea por el efecto del alcohol en los alcohólicos, o de aquellas personas que hayan heredado alguna compulsión por el efecto del etanol en su genética, crea una anomalía en el funcionar del cerebro, específicamente en el lóbulo parietal derecho, que impide al cerebro controlar el impulso de una actuación ilícita, y que una vez realizada, genera una sensación de placer, por lo cual, se plantea que la compulsión es adictiva.

Este planteamiento va en contra de la teoría del libre albedrío, según la cual, el hombre tiene la oportunidad de escoger entre respetar la norma, y no hacerlo. Es decir, la persona que tiene la compulsión, no puede autodeterminar su comportamiento porque se trata de una fuerza irresistible que lo hace actuar en contra de la Ley, y en el caso, del delincuente compulsivo, no hay forma de evitar un delito, cuando éste obedece a la compulsión. Ello va acorde en parte con la teoría de las neurociencias que plantea, que un hombre no hace lo que decide, sino hace lo que está preestablecido a hacer, así las cosas, una persona normal podría bloquear o neutralizar un comportamiento negativo antes de realizarlo, pero, en el caso del delincuente que se encuentra preordenado para ello, no se presenta dicho bloqueo (Jager, 2013).

También podríamos plantear que la teoría de la compulsión, tiene similitud con el funcionamiento de la teoría del psicoanálisis, en relación a como funcionan el ello, el yo y el superyó. En tanto que parten de que el delincuente delinque, porque los impulsos no son neutralizados o controlados por la conciencia, representados en el yo en principio y el superyó (Jiménez, 1982). De acuerdo con los planteamientos genéricos del psicoanálisis, los delincuentes presentan problemas en el yo y en el superyó.

Todas estas tesis, plantean un determinismo, en el cuál, de acuerdo con el cerebro o la psiquis, una persona está predispuesta a delinquir, y no puede controlar sus impulsos.

En el caso de la teoría de la compulsión, se plantea que un hombre normal no podrá cometer delitos, y solo los delincuentes, debido a su cerebro alterado por la compulsión podrían cometerlos. La duda que surge sobre esa afirmación, ¿es qué ocurre si un hombre normal delinque? Según la tesis, planteada por el profesor Torres (2003), ello es imposible, lo cual habría que ver si ello es rebatible.

Por otra parte, tendríamos que establecer que en algunos casos como las compulsiones que son variadas y que hacen parte de un todo (Torres, 2003), pero algunas son legales y otras ilegales, una persona puede ser compulsiva sin ser delincuente. Pero al mismo tiempo, podríamos plantear que si un compulsivo legal, podría desarrollar con el tiempo otra compulsión ilegal, lo cual dentro de la teoría plateada por el profesor Torres (2003), parece ser posible, y se confirmaría la compulsión como origen del delito, pues el individuo igualmente es compulsivo.

Esta teoría de la compulsión también tendría un impacto decisivo en la inimputabilidad, en razón de la autodeterminación de la conducta. Y si bien, el profesor considera como cerebros diferentes a los compulsivos delincuentes, de los trastornados mentales, por que el juicio de raciocinio de los delincuentes se encuentra intacto, mientras que en los trastornados no, se debe plantear en efecto un viraje en la comprensión de la autodeterminación de la conducta, pues, de acuerdo con esta tesis, ningún delincuente puede resistirse al impulso de delinquir.

12. LAS AGRESIONES SEXUALES, EL LIBRE ALBELDRÍO Y LAS NEUROCIENCIAS.

En principio tuve la convicción de que las agresiones sexuales, ya sea en la modalidad de asalto o en la modalidad de abuso sexual (Pianeta, 2022), eran ocasionadas por algún tipo de anomalía o trastorno mental de parte del agresor, y creo que es lo que piensa la mayoría de personas en todos los casos de agresiones sexuales, pues se piensa en el agresor como un pervertido o un enfermo sexual, sin embargo, existen casos en los que los agresores sexuales no padecen ninguna patología o trastorno mental y cometen este tipo de delitos por una elección propia.

Hay que mencionar que pueden existir varias patologías relacionadas con la comisión de delitos sexuales, como por ejemplo:

Sadismo que es el trastorno relacionado con la agresión y con la intención de dominio, sometimiento y humillación a la víctima, donde el agresor utiliza la violencia sexual como uno de los métodos para alcanzar su finalidad (Mendoza, 2007).

Esta el pedófilo que es el que siente placer con ver niños desnudos (Mendoza, 2007)., y para satisfacer ese deseo, acude al abuso infantil.

Está el pederasta que siente placer con la penetración en niños, y por tanto, viola o abusa de menores de edad.

Está el voyerista que disfruta ver a otros desnudos o teniendo relaciones sexuales (Mendoza, 2007), y acude a la violencia para satisfacer sus deseos.

Está el obsesivo compulsivo, que se obsesiona con una persona y dice si no es mía, no es de nadie, o es el que dice, no descansaré hasta que la tenga, o ella tiene que enamorarse de mí.

Esta el narcisista que agrede cuando se siente rechazado o humillado (Garrido, 2018).

Esta el misógino que por alguna razón desarrolla un odio hacía las mujeres.

La ninfomanía que es aquella persona que la única forma que entiende el afecto es a través del sexo, y esta persona puede quedar expuesta a una situación de violación (Mendoza, 2007).

En el caso de algunos padres abusadores, mal entienden que el cuerpo del hijo o la hija le pertenece, y que por ello pueden realizar un abuso, pero como entienden que es su hija o hijo, lo mejor es que no se sepa (Mendoza, 2007). Otros en cambio, hacen sustitución de la madre con su hija, cuando hay casos de abandono o muerte de la madre.

En fin, hay mucho más ejemplos de trastornos que pueden conducir a las agresiones sexuales, sin embargo, no todas las agresiones sexuales se producen por causa de estos trastornos, así por ejemplo, se encuentran circunstancias en las cuales, una persona se encuentra ante una decisión de infringir o no la Ley, como cuando un conductor analiza si se pasa el alto de un semáforo en rojo, y aunque parece una comparación descabellada, o una analogía bastante chocante, un sujeto que viola, también puede entrar en el mismo dilema del conductor, es decir, si vulnera o no la libertad sexual de otra persona, entendiendo ésta como la capacidad para aceptar, el cómo, el donde, el con quién y el cuándo de una relación sexual.

Casos como por ejemplo, "el amigo" que siempre estuvo enamorado de su mejor amiga en secreto, y en una fiesta donde ella está borracha e inconsciente, decide accederla sexualmente, aprovechando su estado de indefensión. O el que conoce a una mujer en una fiesta, y está termina inconsciente, y decide accederla, aprovechándose de su estado de inconsciencia. El tío que es provocado con un coqueteo por su sobrina menor de 14 años, y accede a ella. El primo menor de edad, con su prima en medio de un juego de fuerzas, la somete y aprovecha para realizar actos abusivos. El hombre que encuentra a una mujer hermosa o a su amor platónico en una situación de inconsciencia, o solicitaría y desprotegida. El soldado que encuentra a una mujer bañándose en el río, durante una misión en la selva. El policía que captura a una prostituta, y la tiene a merced de su autoridad. El jefe que le gusta una de sus empleadas y decide acosarla a ver qué ocurre, el profesor que decide acosar a su estudiante, o le califica mal los exámenes para posteriormente abusar de ella, o el ministro o pastor espiritual con alguna de sus feligreses, que se aprovecha de su condición para acosarla o acceder a ella, o el médico con alguna de sus pacientes, que se aprovecha de su posición para acosarla.

En este grupo de casos, puede verse que existe un conflicto ético y moral respecto de una decisión que puede implicar la realización de un delito sexual, que en principio no estaría relacionado con algún trastorno mental, sino como una decisión que debe tomar una persona al presentársele una situación ventajosa o una oportunidad para realizar un delito sexual. Podríamos hablar de que no se trata de un hecho recurrente, sino una tentación o una oportunidad para cometer un delito sexual. De esta manera, vamos a analizar cuáles serían los factores a tener en cuenta para analizar la decisión que toma una persona en este tipo de circunstancias, donde es claro que muchas personas decidirían NO realizar la conducta, pero hay otras, que sí lo harían.

Para comenzar a analizar la decisión que toma una persona sobre el hecho de realizar o no un delito, nos ubicamos en la noción de la culpabilidad en la noción del reproche, o de la no realización de una conducta contraria al derecho, esto en el sentido de que la persona tiene la libertad de escogencia entre una conducta acorde con el derecho y una conducta contraria al derecho (Velásquez, 2022)(Jager, 2013), y en efecto, se escoge una conducta contraria, por lo cual, se afirma su culpabilidad, como en el ejemplo del conductor del semáforo que tiene que elegir entre pasarse la luz en rojo o no.

Ahora bien, sobre este tema, las neurociencias han generado un debate en relación a que no es cierto, según algunos estudios que explican cómo funciona el cerebro, que el individuo tenga libertad para dominar su comportamiento, pues, se ha planteado por parte algunos científicos entre ellos Libet (Jager, 2013), que el comportamiento no se encuentra ligado a la voluntad, sino que se encuentra determinado previamente por el inconsciente, y que por tanto, según esta postura, un individuo no decide lo que hace, sino que hace lo que está predestinado a hacer (Jager, 2013) (Hirsch, 2013). De acuerdo con ello, el ser humano no sería libre de decidir, sino que está preordenado a hacer las cosas, pues se plantea:

> "… que el reflejo preconsciente de querer o hacer algo, es más rápido que el hacer consciente. De ello concluyó Libet que el cerebro inicia procesos volitivos antes de que la persona sea consciente de esa voluntad." (Jager, 2013)

La consecuencia de dicha postura es que el ser humano reacciona a los estímulos, a la realidad que lo rodea a través su subconsciente, y el cerebro solo reacciona a estos estímulos, partiendo del conocimiento previo y las emociones (Jager, 2013). La consecuencia de esta postura, es el determinismo extremo, es decir, toda persona hace lo que está predeterminado a hacer de conformidad con su personalidad, y por ello no tendría libertad alguna para decidir, de acuerdo con lo anterior, un sujeto viola a una persona, porque estaba predeterminado a ello.

> "A partir de los experimentos en la Universidad de California del neurólogo Libet (…) mejorados por Patrick, Haggard y Martin Eimer, (…) consideran que en la medida de que no existe escisión entre la mente y el cerebro, y de que nuestra actuación consciente representa una ínfima parte de nuestra actividad cerebral, todos estamos determinados en nuestro comportamiento por procesos que no podemos controlar y de que por tanto, no se nos debería hacer responsables en la medida en que no hacemos lo que decidimos, sino que decidimos lo que vamos a hacer de todas maneras (bien sea elogiable o delictivo)." (Feijoo, 2013)

En gran forma, esta postura va en contra de la concepción del derecho que se fundamenta en la libertad, en responsabilidad y en la culpabilidad, entendida esta como la libertad de toda persona de actuar (Jager, 2013) (Feijoo, 2013). Según dicha concepción, las personas no tienen libertad de actuar, sino que están determinados a actuar de cierta manera, casi que instintivamente.

De esta manera, un violador ataca a su víctima porque está determinado por su personalidad, y no porque tenga la posibilidad de decidir si lo hace o no. Desde este punto de vista, en los casos que se señalaron anteriormente, donde se presenta una ocasión para el individuo de realizar un delito sexual, se podría establecer que aquellos cuya personalidad está determinada a realizar los delitos sexuales lo haría, y aquellos que no están determinados, no lo harían.

En la misma línea de pensamiento, se plantea una vertiente diferente del mismo estudio, en el que dice que si bien, la actuación del sujeto estaría determinada previamente por su personalidad, sí existe un derecho a veto por parte del individuo, que podría dar como una especie de orden de cancelación al acto que va a realizar. De esta manera, a pesar de que exista una predeterminación a realizar un delito, el cerebro puede enviar una orden de anulación del acto, y para ello, se coloca el ejemplo de quién quiere robar un banco, y encuentra que en el momento en que se dispone a realizar la acción, hay 5 policías más, además del guardia de seguridad, y por tanto, decide abortar el acto criminal para evitar una confrontación que no le favorece (Jager, 2013). De acuerdo con lo anterior, se puede plantear que si bien se le puede presentar una oportunidad a una persona de realizar una violación, y aún estando determinado para ello, el actor puede vetar o anular la actuación para no realizar el delito. En esta postura, sí existiría la posibilidad de que el delincuente pueda tomar una decisión, a menos que exista alguna anomalía mental que le impidiera bloquear el acto iniciado (Jager, 2013).

Según esta postura, el derecho de veto que tiene cada individuo se prueba, con dos ejemplos, el primero, es que ni aún en un estado hipnótico una persona no mataría a un familiar, a menos que exista alguna anomalía, o que en los sueños, nadie busca suicidarse o auto infringirse algún daño -a menos que existiera alguna anomalía-, y a partir de ello, plantean que existe en cada individuo un alto grado de resistencia al instinto en acciones que tienen alta carga moral o ético, entre los que se encuentran lógicamente los delitos (Jager, 2013). En esta postura encontramos entonces, que no todo es instintivo y que el individuo sí se puede resistir y cancelar una acción que implique un acto de violencia o abuso sexual, a menos que exista un trastorno mental.

En este orden de ideas, encontraríamos dos consecuencias a esta teoría, la primera, es que una persona tendría en principio la opción libre de vetar la acción delictiva, y al no hacerla se confirma el reproche de culpabilidad, y la segunda, que en definitiva, solo las personas con anomalías o trastornos mentales son incapaces de resistirse a una oportunidad o a sus instintos, porque no pueden vetar o anular la acción delictiva.

Entonces, nos encontramos a tres tipos de personas, los primeros, que son los que logran bloquear o vetar la acción, y no cometen el delito muy a pesar de sus instintos y la oportunidad que se le presenta, los segundos, que no logran bloquear o vetar la ejecución del acto y no tienen anomalías, y los terceros, que tienen anomalías y muy a pesar de tener la opción de bloquear o vetar el acto, no lo pueden hacer por presentar un trastorno, lo cual, sería un tema a tratar desde el punto de vista del concepto de inimputabilidad, para resolver si el trastorno puede generar un estado de inimputabilidad o de inimputabilidad disminuido, que en todo caso, deberá generar la incapacidad para comprender la ilicitud de su acto o la incapacidad para autodeterminarse con base en la comprensión. Esto nos lleva a un análisis más complejo, y es ¿cómo puede una persona que se encuentra consciente de lo que está haciendo, ser inimputable, si en su subconsciente está predeterminado a hacer el acto? y fuera de todo, ¿Cómo sería alguien imputable si además de estar predeterminado a realizar un acto, padece de un trastorno mental que le impide bloquearlo o vetarlo? Definitivamente con el determinismo y con el planteamiento de las neurociencias, habría sin duda un cambio en la forma de discutir y controvertir el estado de inimputabilidad de un procesado.

Existe otra postura que se enmarca en la comunicación y el ámbito social del ser humano, que se opone completamente a la versión determinista, y plantea que los seres humanos tienen una parte orgánica, pero al tiempo una parte social. Para explicar lo anterior, un ejemplo del profesor Yesid Reyes (2021), quién menciona que si un simio ve cómo un hombre sustrae del bolso de una señora su billetera, solo ve el hecho de la sustracción de un objeto por parte de otro, pero si un ser humano o más bien un abogado observa el mismo hecho, para este, existiría un hurto agravado.

De conformidad con ello, no es que a un individuo se le coloque una pena porque no optó por una conducta conforme a derecho, sino porque se requiere rechazar la conducta ilícita frente a toda la sociedad. Según esta visión, en el proceso de formación de un individuo, se le enseña a través de la comunicación varias habilidades como las matemáticas, la física, el lenguaje y las demás ciencias, que quedan almacenados en el subconsciente, y que el individuo utiliza para resolver sus problemas en la vida diaria.

Así las cosas, las experiencias y la formación académica hacen que un individuo resuelva o no pueda resolver ciertas situaciones, de ahí que los deportistas desarrollan sus habilidades de la práctica y la experiencia, los ingenieros a través del estudio y la experiencia, y así en todas las personas, pues podemos hablar de un campesino que no ha tenido acceso a la educación, pero su experiencia y observación le permiten desarrollar su trabajo. De acuerdo con ello, los individuos tienen como experiencia vivir en sociedad dentro de unos límites, como por ejemplo los límites que impone las leyes que regulan el tráfico en las vías de las ciudades, o las leyes que prohíben la realización de ciertas conductas como el derecho penal. Así las cosas, la sociedad, el conocimiento y la comunicación, son una dimensión adicional que influye en el comportamiento del individuo y lo regula, a través de la información y la comunicación que se le suministra al cerebro para que desarrolle todas las actuaciones.

De esta manera, un individuo que se encuentre ante una oportunidad de realizar una violación o un acto abusivo en contra de otra persona, tendría a pesar del instinto (le gusta una mujer, tiene algún fetiche o se encuentra altamente excitado o es provocado por la víctima), de vetar o anular la actuación ya sea por ser un acto con alto contenido ético o moral, o anularlo a través de su conocimiento, experiencia, y lo que le ha sido comunicado durante toda su vida.

De ahí que sea tan importante el proceso de formación de las personas con relación al respeto por la libertad sexual de las demás, las formas de abordar las relaciones interpersonales, afectivas y sexuales, y la necesidad de sostener relaciones de igual a igual, y no de sometimiento o subordinación, para efecto de crear un arraigo moral y ético, que impida o bloquee las acciones instintivas que podrían conducir a realizar delitos sexuales.

La cultura machista en los delitos sexuales también juega un importante papel en la comunicación y en la creación de la cultura social, pues en muchas ocasiones frases como "quién la manda a andar de borracha", "eso es lo que se merece por tener la vida alegre", "cuando una mujer dice que no, es tal vez un sí", "papaya puesta, papaya partida", "a las mujeres les gusta que las sometan", "entre más brava mejor" son ejemplos de mala comunicación que se implantan en la cultura y en el subconsciente y justifican una violación, abuso o acoso sexual. Esta cultura de la violación generada por esas frases, comunica erróneamente antivalores como valores, generando una confusión al momento de tomar una decisión.

Se puede decir, que se genera un dilema parecido al de la moral y la ética, algo así como la moral es relativa y depende de cada persona, así las cosas es moral aprovecharme y violar a una mujer que se ha pasado de tragos, y que debe asumir las consecuencias, o más bien, es ético pensar que no debo vulnerar la libertad sexual de una mujer, y mucho menos aprovecharme de su estado de inconsciencia.

Por otra parte, la falta de experiencia, de conocimiento y la pornografía en los adolescentes también genera un cuadro complejo de confusión y que promueven también la violación, toda vez que se parte de conceptos errados y sesgados de la sexualidad, donde la violencia y el sometimiento mostrado por la pornografía es mal interpretada, por los adolescentes como satisfactoria y excitante, cuando más que una realidad, es una actuación o una tergiversación de la realidad. Así las cosas, se imitan modelos agresivos, fetichistas y sadomasoquistas ajenos a la realidad, por falta de conocimiento y experiencia, en una irresponsabilidad absoluta. La consecuencia de lo anterior, son jóvenes proclives a violar por imitación, y jóvenes violadores por imitación libres o en las cárceles, y unas víctimas destrozadas, humilladas y afectadas de por vida, por culpa de los efectos de la cultura pornográfica.

Las decisiones de una persona sin duda estarán influenciadas por sus instintos, pero al mismo tiempo por su formación, experiencia y conocimiento, en este espacio la ética que tiene que ver con la fundamentación de valores sobre la toma de decisiones juega un papel fundamental, en este tema de los delitos sexuales que se realizan como producto de una decisión "libre y espontánea" encontramos tres modelos, uno basado en la idea de que el individuo hace lo que está determinado a hacer, y no tendría otra opción, otro, en el que si bien, el individuo hace lo que está determinado a hacer, tiene un derecho de veto o bloqueo, sobre esa acción, especialmente cuando implica una valoración moral y ética alta, como ocurre con la realización de un delito sexual, y otro modelo, que parte de la comunicación, en el que la formación, la experiencia y el conocimiento, definen y determinan las actuaciones de los individuos, bloquean los instintos y evitan la comisión de delitos desde la ideación del delito, hasta la ejecución, y el desistimiento.

13. LA INTELIGENCIA EMOCIONAL DE GOLEMAN Y EL DELITO.

13.1. PUNTO DE PARTIDA: TENEMOS DOS MENTES.

El punto de partida de la inteligencia emocional es plantear que todos tenemos dos mentes, una que piensa y otra que siente:

> "Una mente racional, es la forma de comprensión de la que somos típicamente conscientes: más destacada en cuanto a la consciencia, reflexiva, capaz de analizar y meditar. Pero junto a este existe otro sistema de conocimiento, impulsivo y poderoso, aunque a veces ilógico: la mente emocional" (Goleman, 2023, pag. 27)

Sobre la mente emocional, hay que tener en cuenta, que es en gran parte la que nos mantiene con vida, pues como menciona Goleman (2023. Pág. 26) "parece surgir de eones de la ventaja evolutiva de que las emociones y las intuiciones guían nuestra respuesta instantánea en situaciones en las que nuestra vida está en peligro, y en las que detenerse a reflexionar en lo que debemos hacer podría costarnos la vida." Por lo anterior, encontramos que ante un estímulo de peligro, la mente emocional actúa más rápido, pero es imprecisa, pues reacciona sin mucha reflexión o cálculo, por ejemplo, ante un estallido, una persona se tira al piso pensando que era un disparo de un arma, pero resulta que era la explosión de un globo. En su defecto, la mente racional, depura la información, calcula y busca dentro de las alternativas, cuál es la mejor reacción.

Por regla general las dos mentes se encuentran coordinadas y "existe un equilibrio entre la mente emocional y racional, en el que la emoción alimenta e informa las operaciones de la mente racional, y la mente racional depura y a veces veta la energía de entrada de las emociones." (Goleman, 2023. Pág. 27). Sin embargo, entre más intenso sea un sentimiento, más dominante se vuelve la mente emocional, y en efecto, "los sentimientos son esenciales para el pensamiento, y el pensamiento lo es para sentimiento. Pero cuando aparecen las pasiones, la balanza se inclina: es la mente emocional la que domina y aplasta la mente racional." (Goleman, 2023. Pág. 28)

Lo anterior, tiene una base científica en la forma en cómo evolucionó nuestro cerebro, que creció de abajo hacía arriba, donde primero surgió el cerebro emocional, y luego fueron surgiendo el lóbulo olfativo, la capa límbica, y la neocorteza, que es la última capa que surgió en el Homo sapiens, que es "el asiento del pensamiento; contiene los centros que compran y comprenden lo que perciben los sentidos. Añade a un sentimiento lo que pensamos sobre él, y nos permite tener sentimientos con respecto a las ideas, el arte, los símbolos y la imaginación." (Goleman, 2023. Pág. 30). Lo anterior permite que exista un gran poder de la mente emocional porque "las zonas emocionales están entrelazadas a través de innumerables circuitos que ponen en comunicación todas las partes de la neocorteza. Esto da los centros emocionales un poder inmenso para influir en el funcionamiento del resto del cerebro... incluidos sus centros de pensamientos" (Goleman, 2023. Pág. 31). La diferencia que introduce la neocorteza, es lo que nos hace humanos, pues mientras un animal ante un estimulo puede reaccionar, o atacando o huyendo, un ser humano tiene, más alternativas, atacar, huir, negociar, pedir ayuda, dialogar, someterse, vengarse, etc. La mayor cantidad de alternativas hace la diferencia entre un ser humano y otros seres vivos.

Desde este punto de partida, podemos entender que el ser humano tiene pensamientos y sentimientos, y que en muchas ocasiones, puede actuar de forma reflexiva, pero en otras, puede actuar de forma impulsiva, y de que ambas formas de actuar dependen del individuo, con el manejo de sus emociones. Y de que sus reacciones son naturales e incluso biológicas.

Ahora bien, desde el punto de vista conductual también se debe señalar, que el ser humano requiere de las dos mentes, pues la capacidad de raciocinio no es suficiente para guiar todos los aspectos de la vida, pues muchas dependen de la forma en como percibimos y manejamos nuestras propias emociones y las de los demás. Así por ejemplo, un hombre muy inteligente, por falta de emociones, puede llevar un matrimonio a la desgracia, por no saber mantener una relación afectiva sana con su esposa. Un padre muy inteligente en los negocios, puede padecer de una muy mala relación con sus hijos, si no es capaz de brindar afecto a sus hijos de forma sana. Por ello se plantea que:

> "En cierto sentido, tenemos dos cerebros, dos mentes y dos clases diferentes de inteligencia: la racional y la emocional. Nuestro desempeño en la vida está determinado por ambas; lo que importa no es solo el cociente intelectual sino también la inteligencia emocional. En efecto, el intelecto no puede operar de manera óptima sin la inteligencia emocional. (…)
>
> Esto invierte la antigua comprensión de la tensión entre razón y sentimiento: no se trata de que queramos

suprimir la emoción y colocar en su lugar la razón, como afirmaba Erasmo, sino encontrar el equilibrio inteligente entre ambas." (Goleman, 2023. Pág. 49)

En relación con el delito, vamos a ver, cómo los planteamientos de la inteligencia emocional, nos permiten dar explicaciones a comportamientos delictuales.

13.2. LA IRA COMO CAUSA DEL DELITO.

La ira es uno de los sentimientos más dominantes de la razón, y de los más difíciles de controlar. Las personas que no dominan la ira, tienden a resolver todos sus conflictos a través de la violencia, al no encontrar otras alternativas diferentes.

La ira puede ser un sentimiento que surge de un arranque de furia frente a una acción de un tercero, o puede ser una ira calculada, ya racionalizada como la venganza, en la que se calcula en que forma se va a retribuir la ofensa (Goleman, 2023. Págs. 81 y 82)

Garrido (2018), citando a Salazar (en Garrido, 2018. pág 112), también diferencia la ira de la venganza muy similar a como lo hace Coleman:

> "Salazar diferenció la ira de la venganza: consideró que un agresor había actuado por ira cuando la reacción violenta era inmediata tras ocurrir un suceso estresor o detonante de la acción homicida, y por tanto no se trataba de una respuesta pausada y determinada; en cambio, la venganza se valoró cuando existió una pausa

emocional entre el suceso desencadenante y la acción delictiva, en cuyo caso el sujeto planifica la agresión y comete el crimen después de haber transcurrido cierto tiempo."

El origen de la ira, es la sensación de encontrarse en peligro:

"El peligro puede estar signado no solo por la amenaza física absoluta sino también, simbólica a la autoestima o a la dignidad: ser tratado de forma injusta o ruda, ser insultado o menospreciado, quedar frustrado en la búsqueda de un objetivo importante. Estas percepciones actúan como el gatillo instigador de una oleada límbica que tiene un efecto real sobre el cerebro. Una parte de esa oleada es la liberación de catecolaminas, que generan un rápido e intermitente ataque de energía, suficiente para un curso de acción vigorosa, como lo expresa Zillmann, como el del ataque o la fuga." (Goleman, 2023. Pág. 83)

De esta forma, la ira se alimenta de pensamientos negativos que mantienen el sentimiento por un tiempo prolongado después del suceso que la generó. Así por ejemplo, si alguien se le dio por hablar mal a tus espaldas, en tu cerebro comienzan a aparecer pensamientos como, "¿él qué se cree?", "¿como se atreve a hacerme esto?", "tanto que me dijo que podía confiar en él". Esos pensamientos inundan la cabeza, y extienden el estado de ira, además el cerebro sufre un estimulo aderenocortical, "manteniendo el cerebro emocional en disposición especial para la excitación y convirtiéndose en un fundamento sobre el cual se construyan las reacciones subsiguientes con especial rapidez." (Goleman, 2023 pág. 83) Lo anterior explica:

"..., si alguien ha tenido un día difícil en el trabajo será especialmente vulnerable a sentirse furioso más tarde en su caso por algo -por ejemplo, que los chicos se muestren revoltosos o ruidosos- que bajo otras circunstancias no sería lo suficientemente poderoso para provocar un asalto emocional." (Goleman, 2023. Pág. 83)

El proceso de la ira se genera a partir de un suceso provocador de la ira, que se va acumulando, y la va potencializando hasta lograr un estallido:

"Cada ola cabalga sobre los restos de la anterior, intensificando rápidamente el nivel de excitación fisiológica. Un pensamiento que se produce más tarde en esta intensificación dispara una intensidad de la ira mucho mayor que el que se produce en el comienzo. La ira se construye sobre la ira; el cerebro emocional se entona. Para entonces la ira, libre de las trabas que impone la razón, estalla fácilmente en una reacción violenta.

En este punto la persona se vuelve implacable y es imposible razonar con ella; sus pensamientos giran en torno a la venganza y la represalia y no le importa cuáles podrían ser las consecuencias. Este elevado nivel de excitación, dice Zillmann, alimenta una ilusión de poder e invulnerabilidad que puede inspirar y facilitar la agresión mientras la persona enfurecida, al carecer de una guía cognitiva, vuelve a caer en la respuesta más primitiva. El impulso límbico es creciente; las lecciones más duras de la brutalidad de la vida se convierten en una guía para la acción." (Golemán, 2023. Pág. 84))

En un estudio realizado por el profesor Vicente Garrido, se estableció que la mayor causa o justificaciones de los asesinatos múltiples era la ira y la venganza. Menciona Garrido, (2018, pag. 53):

"Los que matan por frustración, ira y venganza: es la motivación esencial de los asesinos múltiples (...) los asesinos por venganza se ven atraídos a esta acción porque precisamente matar es un acto de retribución que implica tener el control y el poder de la situación. (...) los asesinos múltiples buscan afirmar una nueva identidad donde sentirse poderosos mediante la planificación y ejecución del acto de venganza, es decir del homicidio múltiple."

Y más adelante establece de acuerdo con un estudio que de 31 delincuentes juzgados por asesinatos múltiples,

"27 agresores habían vivido una situación que precipitó la agresión (el 87%): por ejemplo, la discusión previa con alguna de las víctimas, la expulsión de un local, la recaída en el consumo de drogas o el rechazo por parte de la víctima. Uno de los desencadenantes más frecuentes fue el relacionado con problemas en la relación de pareja, como discusión, infidelidad o ruptura, así como la discusión previa con las víctimas fuer del ámbito de la pareja, ambos con siete casos.

En resumen, el móvil mayoritario en el asesino múltiple en España son la ira y la venganza, y estas se proyectan sobre las personas que aquél entiende que le han ofendido o traicionado" (Garrido, 2018, pág. 113)

En este aparte, encontramos nuevamente que la ira se detona en momentos previos a la explosión, incluso con personas diferentes sobre las cuales se descarga, haciendo una proyección hacia las víctimas, del agravio o del hecho desencadenador de la ira.

De acuerdo con el enfoque de la inteligencia emocional, calmar la ira es fundamental, y para ello, recomiendan estar a solas y aislarse hasta calmarse, pero evitando pensar en el evento disparador de la ira, por ello, es necesario pensar en cosas agradables que no activen los pensamientos negativos que hacen aflorar la ira. También se recomienda el ejercicio para relajar los músculos que con la ira se tensionan, e igualmente, pensando en cosas agradables. También se recomienda hacer otras actividades como escuchar música, salir de compras o ir al cine, obviamente pensando en distraer la mente y olvidarse de los pensamientos negativos de rencor y venganza que disparan la rabia (Goleman, 2023).

13.2.1. LA AGRESIVIDAD SE TRANSMITE DE GENERACIÓN EN GENERACIÓN.

La falta de alternativas diferentes para resolver los problemas, y la falta de empatía, son generadores de agresiones físicas producidas por la ira. Los niños más pendencieros en la escuela, tienen grandes probabilidades de fracaso escolar y de una vida de criminalidad (Goleman, 2023. Pág. 231). Esos niños que agreden a otros niños, e inician constantemente peleas y riñas, son en su gran mayoría consecuencia de lo que aprenden en sus hogares, donde desafortunadamente los padres implementan un régimen de disciplina severos, que a su vez heredaron de sus padres (Goleman, 2023. Pág. 231)

"Por supuesto, estos niños tratan a los demás como los han tratado a ellos. Y la insensibilidad de estos niños maltratados es sencillamente una versión más extrema de la que se ve en niños cuyos padres son críticos, amenazadores y duros en los castigos que imponen. Estos niños también suelen mostrarse despreocupados cuando sus compañeros se lastiman o lloran; parecen representar un extremo de una serie continua de frialdad que alcanza su máxima expresión con la brutalidad de los niños maltratados. A medida que avanzan en la vida, como grupo tienen más probabilidades de encontrar dificultades cognitivas en el aprendizaje (no es de extrañar, teniendo en cuenta que su crueldad en el preescolar es un presagio del futuro), son más propensos a la depresión y, como adultos, tienen más probabilidades de meterse en problemas con la ley y cometer más crímenes violentos." (Goleman, 2023. Pag. 234)

En muchas ocasiones el tratamiento de los niños, depende del humor de los padres, más que de los hechos que realizan, así por ejemplo, si los padres están de buen humor, y los niños realizan hechos graves, puede que no sean castigados tan severamente. Sin embargo, si los padres están de mal humor, puede que una pequeña travesura sea castigada duramente (Goleman, 2023. Pag. 232)

El maltrato infantil y la arbitrariedad con que se imponen los castigos, genera una confusión en los niños, donde ven en todo momento una amenaza de que en cualquier momento alguien los va a golpear, y por ello, siempre se encuentran en estado de alerta y excitación (Goleman, 2023. Pág. 232).

Lo anterior explica, que estos niños al ir a los colegios, se encuentren siempre a la defensiva de sus compañeros, dispuestos a reaccionar agresivamente, frente a amenazas reales o imaginarias, donde distorsionan la realidad, dándole mayor gravedad a amenazas reales, o transforman en sus mentes un hecho común como una agresión de la cual deben defenderse.

"Esta precipitación en el juicio testimonia la presencia de profundos prejuicios perceptivos en gente que es inusualmente agresiva: actúan sobre la base de la existencia de hostilidad o de amenazas, prestándole muy poca atención a lo que realmente esta ocurriendo. Una vez que deciden que una amenaza se cierne sobre ellos, saltan por encima de todo y pasan a la acción. (…) su presunción es la de que existe malevolencia, antes que inocencia; su reacción es de automática hostilidad. Esta percepción de ser objeto de una acción hostil va simultáneamente entrelazada a una agresión igualmente automática; (...) Cuando más actúan de esta forma esta clase de niños, más fácilmente reaccionan con agresión automática y más se reduce el repertorio de alternativas a su alcance, tales como la cortesía o la broma." (Goleman, 2023. Pág. 272)

Los niños en estas condiciones, son aislados de las relaciones con sus compañeros, pues nadie quiere ser agredido, por lo cual, lo evitan y lo aíslan, lo que le impide a los agresores, comprender otras formas de comunicación personal, y aprender alternativas diferentes a la violencia para resolver sus problemas. Igualmente, los agresores terminan metiéndose en problemas, y terminan siendo castigados, generando también un aislamiento, del agresor de forma institucional, donde en vez de estar aprendiendo, se encuentra cumpliendo con su castigo. También con el castigo, se reafianza la etiqueta de problemático, frente a sus compañeros y frente a sí mismo, llevándolo al rechazo social. Este niño problemático a su vez, comienza a tener amigos similares a él, con los cuales, se va reafianzando su personalidad y comportamiento problemático, siendo el diferente y el aislado.

El fracaso académico se genera por su personalidad problemática, y que tanto maestros como compañeros, terminan evitándolos, y son considerados casos perdidos. Esta situación los hunde en un estado de depresión y de frustración acudiendo al consumo de alcohol y drogas, y a la realización de delitos. En el caso de las mujeres problemáticas, por el contrario, se ha visto una tendencia no hacía la delincuencia, sino al embarazarse a temprana edad. (Goleman, 2023. Pág. 274)

La ira en estos niños se produce con facilidad, pues "tienen un umbral bajo para soportar cualquier malestar, irritándose cada vez con mayor frecuencia, por más cosas. Una vez que se sienten molestos, su pensamiento se confunde, de manera que ven los actos benignos como hostiles, y entonces caen en su viejo hábito de reaccionar con golpes." Goleman, 2023. Pag. 273)

Según Coleman, los delincuentes juveniles y los estudiantes agresivos comparten un mismo problema mental: "si tienen dificultades con otra persona, inmediatamente la ven en un papel antagónico, aventurando conclusiones sobre la hostilidad que siente hacia ellos, sin buscar información adicional ni intentar pensar en una manera de resolver pacíficamente sus diferencias." (Coleman, 2023. Pág. 275)

Igualmente, viene el problema de los pensamientos justificantes de la reacción violenta como menciona Goleman (2023) Esta bien pegarle a alguien si uno se volvió loco de rabia o la gente que resulta muy golpeada en realidad no sufre tanto. Pensamientos que en efecto se deben combatir, así mismo, los que mantienen la rabia. Según algunos estudios expuestos por el profesor Goleman (2023), se han podido mejorar las conductas de niños agresivos, enseñándoles a través de videos, sus actos, mostrándoles como realmente fueron, y las alternativas diferentes a la violencia, que pudieron haber dado, y la percepción de las víctimas y de las demás personas, para así posibilitar empatía y otras maneras de percibir la realidad y resolver los conflictos.

Por último, se plantea que:

> "Por supuesto, no hay un único camino hacia la violencia y la criminalidad, y son muchos los factores que pueden colocar a cualquier niño en situación de riesgo: nacen en un vecindario con alta tasa de criminalidad, donde están expuestos a mayores tentaciones de cometer crímenes o

actuar con violencia; provenir de una familia con elevados niveles de estrés, o vivir en la pobreza. Pero ninguno de estos factores hace que sea inevitable una vida dedicada a la violencia criminal. Considerándolos todos al mismo nivel, las fuerzas psicológicas que actúan sobre los niños agresivos intensifican la posibilidad de que terminen como criminales violentos." (Goleman. 2023. Pags. 274-275)

Se habla entonces, desde esta perspectiva que los niños que son agresores en el colegio, tienen un alto índice de fracaso escolar, aislamiento y tendencia a unirse con otros similares, formando inicialmente bandas, pandillas y dedicándose a delitos callejeros, especialmente hurtos.

13.2.2. LA IRA Y LOS TIRADORES DE ESCUELA.

En el caso de los tiradores de escuela, o los asesinos múltiples en escuelas o las calles. En estos casos, los asesinos escogen lugares representativos en su historia, donde piensan o imaginan que han recibido alguna ofrenda o humillación, y las víctimas, representan a aquellas personas de las cuales también han recibido agresiones o humillaciones (Garrido, 2018, págs.. 96-97).

Así las cosas, un joven que mate a varios compañeros en su escuela, representa en primer lugar una venganza tanto de los compañeros que lo humillaron, como de la misma escuela que permitió tal humillación, y así se genera una proyección de acuerdo del origen de donde se haya generado tal humillación, que puede ser como trabajador, como cliente, como estudiante. Así por ejemplo, un estudiante mata a varias estudiantes sin prestar atención a su identidad, sin embargo, este acto significaba para él matar a las mujeres que se habían burlado de él y lo habían rechazado como pareja (Garrido, 2018, pág. 96).

La humillación o el insulto ataca su identidad, haciéndolo sentir fracasado y frustrado, lo que los hace destruir su identidad hacia el pasado, es decir, lo que no quiere ser y lo que los otros los convirtieron, y una solución final, que es atacar a aquellos que los convirtieron así, sin una aspiración hacía el futuro, es decir se embarcan en una misión sin retorno:

> "Los tiradores saben positivamente que, en el mejor de los casos serán detenidos y pasarán la mayor parte de sus vidas (si no toda) en prisión; y, en el peor, morirán por su propia mano o a manos de la policía." (Garrido, 2018. Pág. 97)

Sobre este punto, Garrido (2018, págs. 75-76) menciona cinco etapas que enfrenta el tirador como asesino múltiple:

a) Sufre graves frustraciones como producto del maltrato familiar o acoso en la escuela, y se siente un bicho raro frente al resto de personas.
b) Las personas que deben apoyarlo, no lo hacen y no lo protegen, haciendo peor la frustración.
c) Ocurre un suceso o un hecho devastador, e intolerable para él, que activa su ira y su sed de venganza.
d) Fantasea con realizar los actos de venganza, y los justifica para reestablecer su dignidad.
e) Ejecuta el plan de venganza y lo hace realidad.

En resumen, las masacres llevadas a cabo por los tiradores en la escuela, se derivan de un gran sentimiento de ira, que los lleva a vengarse de las humillaciones o los agravios recibidos en un lugar determinado y por determinadas personas.

13.2.3. LA IRA Y EL COMPLEJO NARCISISTA.

Como se dijo en principio, la ira se desencadena por el sentimiento de peligro, que no siempre se trata de un peligro físico, sino de un ataque también a la dignidad de la persona.

Las personas con complejo narcisista, pueden aparecer de dos formas:

> "en la primera, el individuo está orientado hacia la consecución del dominio y el control en las relaciones (narcisismo dominante o grandioso), y se define por un sentimiento grandioso de sí mismo que le lleva a actuar sin miedo en la consecución de sus metas; en la segunda, el sujeto está orientado a evitar y protegerse de las ofensas a su autoestima narcisismo (defensivo) debido a que se siente vulnerable cuando percibe que sus deseos y necesidades no son adecuadamente tomados en cuenta por los demás." (Garrido, 2018. Pág. 78)

Los efectos de este tipo de narcisimos, es que carecen de empatía con las personas que los rodean, haciendo prevalecer sus intereses siempre, y tienen una necesidad precaria de tener relaciones cercanas o íntimas, pues los consideran siempre inferiores (Garrido, 2018. Pag. 79). El narcisista es egoísta, es humillante y destructor, ataca el autoestima de los demás para disminuir y menospreciar a los demás para exaltarse a sí mismo.

De esta manera, es fácil desatar la ira de un narcisista al atacar su ego y su imagen, creada por ellos mismos, y ello, los puede conducir incluso a realizar delitos. Por ejemplo, un esposo narcisista, puede matar a su esposa que lo amenaza con abandonarlo, pues, afecta su imagen y su ego.

Pero el modo de actuar de las dos clases de narcisistas es diferente:

> "A diferencia del tipo dominante o grandioso, que actúa proactivamente, sin miedo de ir en pos de conseguir sus deseos de prestigio, admiración y poder, el defensivo responde sobre todo reaccionando a las amenazas que percibe en el ambiente; es de natural ansioso e inhibido, con emociones inestables (neurótico), va acumulando ira y resentimiento, y su potencial de violencia puede entenderse como directamente proporcional a la ira acumulada por la percepción y acumulación de ofensas recibidas a su yo." (Garrido, 2018. Pág. 79)

Esto implica, que mientras el narcisista dominante te atropella y no acepta un no o un rechazo, el defensivo, reacciona con ira luego de acumular rechazos y humillaciones. La ira del primero se desencadena al no lograr lo que quiere o al no poder imponerse, y la ira del segundo, se desata en defensa del ego mancillado.

13.2.4. LA IRA Y EL TERRORISMO

Así como el tirador en los colegios y en las calles, el terrorista también tiene un proceso similar para realizar sus actos (Garrido, 2018. Pág. 213):

1) Sentirse agraviado o justificado, en este sentido por ejemplo, se sienten agraviados por motivos políticos, económicos, religiosos o personales. Han sufrido una pérdida, una humillación, que al mismo tiempo pueden ser exacerbados por trastornos psicológicos.
2) Llegan a considerar a la violencia como único camino para reivindicar la ofensa recibida. Imitan o se inspiran

en otros que han utilizado la violencia de la misma manera y los veneran como mártires.
3) Investigan y planifican, el acto de venganza, tomando la información de su víctima.
4) Preparación, se preparan psicológicamente y logísticamente para realizar el acto terrorista.
5) Oportunidad: buscan una brecha en la seguridad o vulnerabilidad de la víctima para ejecutar el plan.
6) Ataque, consumación del acto violento.

En este sentido vemos cómo la ira por un agravio puede generar una reacción violenta de tipo terrorista, en la que la ira planificada y racional es una venganza, que se justifica y se fundamenta por mucho tiempo hasta la ejecución del acto terrorista.

En efecto, dentro del proceso del acto terrorista siempre existe un proceso de justificación y de pensamientos que mantienen el estado de ira, y que promueven la reacción violenta como única forma de solución a la humillación o insulto recibido.

13.3. LA PREOCUPACIÓN Y LA OBSESIÓN COMO CAUSA DEL DELITO.

La preocupación es un estado mental en el que se vigila un peligro potencial, que ha sido uno de los éxitos de nuestra evolución. Preocuparnos, implica planificar la solución de un problema y sus múltiples efectos. La preocupación puede explicarse de la siguiente manera:

"Cuando el temor pone en marcha el cerebro emocional, parte de la ansiedad resultante fija la atención en la amenaza que está a mano, forzando a la mente a obsesionarse acera de la forma de enfrentarla y pasar por alto cualquier otra cosa, de momento. En cierto sentido, la preocupación es un ensayo de lo que podría salir mal y cómo enfrentarse a ello; la tarea de la preocupación es alcanzar soluciones positivas con respecto a los peligros de la vida anticipándose a los riesgos antes de que estos surjan." (Goleman, 2023. Pag. 88)

Visto desde esta perspectiva, la preocupación no sería un problema, sin embargo, cuando sencillamente la mente se centra en el problema, sin llegar a una solución positiva, puede generar un trastorno de ansiedad:

"Cuando este mismo ciclo de preocupación se intensifica y persiste, se hace más confusa la línea que lo separa de los auténticos asaltos nerviosos, los trastornos de ansiedad: fobias, obsesiones y compulsiones, ataques de pánico. En cada uno de estos trastornos la preocupación se fija de una forma definida; en el caso de la fobia, las ansiedades se fijan en la situación temida; en el caso de la obsesión se fijan en evitar alguna calamidad temida; y en los ataques de pánico, la preocupación se concentra en un temor a la muerte o en la posibilidad de tener el ataque mismo." (Goleman, 2023. Pag. 89)

La preocupación mal manejada, es entonces dañina, y genera neurosis y obsesión, de acuerdo con el pensamiento que se desarrolle en la preocupación.

"Por lo general las preocupaciones siguen ese curso, una narrativa dirigida a uno mismo que salta de preocupación en preocupación y con mucha frecuencia incluye las catástrofes imaginando alguna tragedia terrible. Las preocupaciones se expresan casi siempre en el oído de la mente, no en su ojo -es decir en palabras, no en imágenes-, hecho que tiene importancia para el control de la preocupación."(Goleman, 2023. Pag. 90)

La relación de una preocupación con un delito, sugiere que "las personas que se preocupan en exceso y de una manera crónica lo hacen con respecto a una amplia gama de asuntos, la mayoría de los cuales casi no tienen posibilidades de ocurrir; estas personas ven en la vida peligros que otros jamás perciben." (Goleman, 2023. Pág. 90), lo anterior genera sin lugar a dudas trastornos sobre la percepción de la realidad, y formas de reacción violenta, frente a amenazas inexistentes, como por ejemplo, un esposo celoso que mata a su esposa por sospechar que lo esta engañando. El jefe de una pandilla ordena matar a una persona por sospecha de que lo está traicionando o que lo puede matar. El jefe de estado que mata a varios ciudadanos por sospecha de traición. El jefe de un Estado ataca a otro por considerarlo una amenaza.

Para calmar la preocupación, es necesario bloquear los pensamientos que originan la preocupación, enfocando la mente en otras ideas o descomponiendo los pensamientos para decodificar los problemas, y convertirlos en pensamientos positivos y optimistas (Goleman, 2023).

13.4. LA DEPRESIÓN COMO CAUSA DEL DELITO.

Las personas que entran en depresión, es decir se sumergen en un estado de tristeza y desaliento frente a la vida, por causa de pensamientos y preocupaciones, se aíslan y pierden la capacidad para enfocarse en otras cosas y de comunicarse.

Las personas depresivas generan conflictos con otras personas debido a su estado de depresión. Pierden la capacidad para enfocarse, resolver problemas, y realizar trabajos, y comienzan un ciclo de frustración y tristeza, y posteriormente un fracaso laboral y académico.

Así las cosas, las personas que se deprimen tienen una percepción limitada de la realidad, que le genera problemas de relación con las personas, con su entorno laboral y con sus amistades. Esa sensación de tristeza o frustración puede ir acompañada de reacciones violentas, desproporcionadas o inadecuadas en el entorno social en que se mueven, llegando incluso a delitos, y también al suicidio.

Ahora bien, la depresión por frustración es muchas veces manejada por las personas que la sufren con alcohol y con drogas, buscando un alivio a dicho estado. Así podemos encontrar que la depresión puede llevar al alcoholismo y a las drogas (Goleman, 2023. Pág. 293).

La depresión en los niños va a creando unos efectos muy severos:

> "En realidad, cuando se ha comparado a los niños que padecen depresión con aquello que no la padecen se los ha hallado socialmente ineptos, con menos amigos, menos elegidos por los otros como compañeros de juegos, menos populares, y con más problemas de relación con los demás.
>
> Un costo adicional para estos niños es su pobre desempeño escolar; la depresión interfiere su memoria y su concentración, haciéndoles más difícil prestar atención en clase y retener lo que se les enseña. Un niño que no siente alegría ante nada encontrará que es difícil reunir la energía necesaria para enfrentar lecciones que son un desafía, perdiéndose la experiencia que fluye del mismo aprendizaje." (Goleman, 2023. Pág. 281)

La depresión puede ser el origen de una reacción violenta, luego de pensar que no existe solución a un problema, deferente a un ataque, a una agresión, a un asesinato o a un suicidio. Se trata de ese desaliento que trastorna la realidad, la hace insuperable, inaceptable o insoportable, tomando soluciones drásticas como el ataque y la violencia.

13.5. LA FALTA DE EMPATÍA COMO CAUSA DEL DELITO: PSICOPATAS, AGRESORES SEXUALES, AGRESORES FAMILIARES.

La empatía es una cualidad que le permite a las personas ponerse en los zapatos de otra, o en el lugar de la otra, interpretar y comprender sus sentimientos, y comportarse conforme a dicha comprensión.

La falta de empatía, genera torpeza social, es decir, una persona que no logra comprender los sentimientos de otra, no logrará generar una comunicación afectiva con ésta, por lo que termina siendo rechazada. Así no habría forma que una persona sin empatía, pueda llevar una relación afectiva con su pareja o con sus hijos, ni mucho menos, podría tener amistades cercanas o compañeros de trabajo que fueran sus amigos.

La falta de empatía, genera una torpeza social del individuo que la padece, que al no comprender el mensaje no verbal, ni los sentimientos de los demás, los pasa por alto, y genera inconvenientes en el proceso de socialización.

En el tema criminal, la falta empatía genera los delincuentes más crueles y sádicos, como son los agresores sexuales, los psicópatas y los esposos maltratadores y abusadores.

En el caso de los abusadores sexuales, la falta de empatía se traduce en la distorsión del dolor de la víctima, y la justificación de sus actos:

"Esta incapacidad para sentir el dolor de sus víctimas les permite decirse mentiras que estimula su crimen. En el caso de los violadores, las mentiras incluyen, entre otras, "las mujeres realmente quieren ser violadas", o "si ella se resiste, lo que hace es esforzarse por acabar"; en el caso de los abusadores de niños, las mentiras pueden ser: "No estoy haciéndole daño a la criatura, solo mostrándole amor", o "esto solo es otra forma de afecto"; en el caso de los padres que maltratan físicamente a sus hijos, "esto solo es disciplina". Todas estas autojustificaciones están extraídas de lo que las personas tratadas por estos problemas dicen haberse dicho mientras agredían brutalmente a sus víctimas o se preparaban para hacerlo." (Goleman, 2023. pág. 134)

En el caso de los abusadores sexuales, Goleman (2023. Pág. 134), explica el ciclo de la violencia y los problemas de tipo psicológico que enfrenta el delincuente al realizar su crimen:

"El ciclo comienza cuando el abusador se siente perturbado: furioso, deprimido, solitario. Estos sentimientos podrían ser activados, por ejemplo, al ver parejas felices en la televisión y a continuación sentirse deprimido por estar solo. Entonces el abusador busca solaz en su fantasía favorita, que suele ser la de una calidad amistad con un niño; la fantasía se convierte en una fantasía sexual y termina en masturbación. Posteriormente, el abusador siente un alivio pasajero de tristeza, pero ese alivio es fugaz; la depresión y el sentimiento de soledad vuelven, aun más acentuados. El abusador empieza a pensar en convertir la fantasía en realidad, dándose justificaciones como: "No estoy causando ningún daño real si el chico no resulta dañado físicamente" y "Si un niño no quisiera realmente tener una relación sexual conmigo, podría evitarlo".

En este punto, el abusadore ve a la criatura a través de la lente de la fantasía perversa, y sin empatía por lo que un niño real sentiría en esa situación. Ese desapego emocional caracteriza todo lo que sigue, desde el consiguiente plan para encontrar a la criatura a solas, hasta el cuidadoso ensayo de lo que sucederá, y luego la ejecución del plan. Todo esto es perseguido como si la criatura en cuestión no tuviera sentimientos propios; en lugar de eso, en su fantasía el abusador imagina la actitud cooperativa de aquella y no tiene en cuenta sus sentimientos de repulsión, temor y disgusto. Si estos se manifestaran, las cosas quedarían arruinadas para el abusador." (Goleman, 2023. Pags. 134-135)

A contrario censo de lo que ocurre en la mente de un abusador, si existiera empatía, pensaría como una persona normal, en tanto que entendería el dolor y el daño que le está causando a la víctima, no podría concebir una fantasía sexual, y reforzaría su inhibición a necesidades sexuales perversas (Goleman, 2023. Pág. 135) Según un tratamiento aplicado a varios violadores, en el que se buscaba enseñarle a los delincuentes, lo que sufrían las víctimas, las consecuencias, y hacerlos pensar en qué sentirían realmente las víctimas, se logró, disminuir la reincidencia de estos delincuentes a la mitad. (Goleman, 2023. Pág. 135)

Por otro lado, se encuentran los psicópatas a los cuales, no hay muchas esperanzas de inculcar empatía, pues su principal rasgo es "la incapacidad de sentir la menor empatía o compasión, o el menor remordimiento, es el más desconcertante de los defectos emocionales. El núcleo de la frialdad del psicópata parece asentarse en una incapacidad para hacer algo más que conexiones emocionales absolutamente superficiales. Los criminales más crueles, como los sádicos asesinos en serie que se deleitan con el sufrimiento que sus víctimas experimentan antes de morir, son la personificación de la psicopatía." (Goleman, 2023. Págs. 135-136)

Así también, los psicópatas como los abusadores comienzan el ciclo de la violencia a partir de la depresión y la tristeza, de sentirse solo, y comienzan a acumular ira en contra de determinadas personas, teniendo fantasías agrediéndolas, y posteriormente ejecutando y haciendo realidad dichas fantasías.

En el caso de los esposos maltratadores, se descubrió una clase de maltratadores que a diferencia de la mayoría, que reaccionan de forma violenta de manera instintiva, y las agresiones se dan casi que inmediatamente del hecho generador (reacciones por celos, rechazos o abandono), éstos, en vez de aumentar el ritmo cardiaco, lo disminuyen, por lo que su violencia parece más calculada, y la ejerce como un método de terrorismo hacía sus mujeres, causándoles temor:

> "... estos golpeadores calculadores azotarán a sus esposas al parecer sin motivo y, una vez que empiezan, nada de lo que ellas hagan -ni siquiera el intento de marcharse- parece contener su violencia."

También se aclara sobre este punto, que existen otras situaciones que no tienen bases biológicas, sino que surgen de acuerdo de las condiciones específicas del delincuente:

> "Una podría ser que un tipo perverso de habilidad emocional -intimidar a otras personas- tiene un valor de supervivencia en los barrios violentos, como podría tenerlo el dedicarse al crimen; en estos casos, demasiada empatía podría ser contraproducente. En efecto, una oportunista falta de empatía puede ser una virtud en muchos papeles de la vida, desde el poli malo que interviene en los interrogatorios policiales, hasta el

asaltante que actúa con una banda. Los hombres que han sido torturadores de estados terroristas, por ejemplo, describen cómo aprenden a disociarse de los sentimientos de sus víctimas con el fin de hacer su trabajo. Existen muchas vías para la manipulación" (Goleman, 2023. Págs. 136-137)

Como se dijo, el sadismo y la crueldad extrema de un criminal surgen del bloqueo de la empatía, es decir de la negación del dolor de otro. Ya sea por razones biológicas, sociales o psicológicas, el bloquear la empatía, genera la negación al dolor, la justificación del acto a través de pensamientos retorcidos, y la falta de inhibición o bloqueo, tanto de las fantasías previas, como de la conducta como tal.

14. EL DELINCUENTE Y LOS TRATAMIENTOS CARCELARIOS.

14.1. LA NECESIDAD DEL SISTEMA CARCELARIO.

El derecho penal enfrenta un gran problema siempre, y es la misma violación de la norma a diario por parte de los delincuentes. Se supone que la Ley penal dada su preponderancia y papel coercitivo debería ser competente para enviar un mensaje a la sociedad de que no se puede delinquir so pena de recibir un castigo. Sin embargo, todos los días no encontramos con delincuentes, víctimas y hechos delictivos que no parecen guardar ningún respeto por el contenido normativo.

Debido a ello, se plantea que el derecho penal transmite un mensaje a la sociedad, sobre las conductas no toleradas o rechazadas, y publicita un acuerdo de la sociedad por el rechazo al delito, imponiéndole una pena a la persona que realice dicha conducta, lo que corresponde a los fines de la prevención general positiva. Sin embargo, por más que ello sea así, el delito no desaparece, y los delincuentes siguen cometiendo delitos y reincidiendo en sus conductas delictivas, muy a pesar de la existencia de la norma, de que las autoridades los persigan, los procesen y los condenen. Por esta razón, el populismo punitivo representado en el escándalo del delito, la tendencia legislativa de aumentar la pena, y de las autoridades carcelarias en recrudecer el tratamiento y las condiciones de ejecución de las condenas, es una consecuencia después del delito, que no lo previene.

Igualmente, se debe aclarar que a pesar de lo anterior, si es necesario que exista un sistema punitivo estatal, dispuesto a combatir el crimen, judicializar a los delincuentes y condenarlos, pues la impunidad desafortunadamente, motiva y fomenta la delincuencia, y de no funcionar, generaría la anarquía total, o que la delincuencia gobernara la sociedad.

Según Garrido (2003), el efecto preventivo del derecho penal depende en gran forma del delincuente, pues en algunos casos, no genera ningún efecto:

> "En muchos casos, el delincuente se halla preocupado, por encima de todo, por los detalles de la ejecución del delito, y no por reflexiones sobre lo que le sucederá si resulta finalmente capturado. Por otra parte, tampoco hemos de despreciar el estado anímico del sujeto que, como ocurre en casos de ansiedad, crisis y elevadas situaciones de estrés, puede dejar como irrelevantes las consecuencias del delito para el agente." (Garrido, 2003)

Igualmente, considera el mismo autor (Garrido, 2003), que tampoco se producen efectos preventivos en casos, donde el delincuente tiene poco que perder, como y que pueden ver en la cárcel una oportunidad de un techo y comida gratis, o como un costo de su estilo de vida errático, improductivo, oportunista y autodestructivo, o el riesgo o alea de vivir al margen de la Ley.

Pero dice que el efecto preventivo si aplica para casos como el "de un joven aplicado en los estudios, un trabajador que agradece estar en compañía de los amigos después de trabajo o, simplemente para cualquiera que el arresto y la condena haga tambalear su mundo." (Garrido, 2003) Estas personas en definitivamente tienen una vida que perder, y ven en la pena aplicada en carne ajena, un escarneo o un motivo suficiente para no cometer delitos. Igualmente, los que han sido condenados en estas circunstancias, y que vieron perder su estilo de vida, sus amigos, y sus familiares, una experiencia amarga, que no quieren repetir. (Garrido, 2003)

También considera que en los delincuentes habituales, el efecto preventivo es poco, pero puede tener un efecto en la decisión final de retirarse de la vida ilegal, que por regla general se presenta luego de los treinta años. (Garrido, 2003)

El argumento final del profesor Garrido (2003) para mantener el derecho penal es la siguiente:

> "..., el castigo mantiene la cohesión social, hace pensar a los ciudadanos que no cumplir con el contrato social tiene sus consecuencias. En caso contrario, nos sentimos estafados, lo que repercute también negativamente en el gobierno civil que realiza el Estado al suscitar la inquietante pregunta de por qué hay que respetar las leyes cuando muchos ciudadanos quedan impunes por los delitos que cometen."

Así podemos decir, que el derecho penal solo es un instrumento necesario, pero que aporta en una mínima parte en solución al delito, si se tiene en cuenta los siguientes hechos:

1) No todos los delincuentes se encuentran en la cárcel, lo que se conoce como la cifra negra, según la cual, siempre existe en toda sociedad un porcentaje de impunidad variable según la eficiencia de su sistema judicial. Entre mayor porcentaje de impunidad, aumentan las cifras de delitos.

2) La teoría del chivo expiatorio, muchas veces el sistema carcelario se conforma con judicializar y condenar a un miembro importante de una organización criminal, y deja de lado al resto, generando una impunidad, que motiva y fomenta la delincuencia.

3) En sociedades donde las cifras de pobreza, falta de oportunidades, falta de ofertas de trabajo, inequidad en la distribución de la riqueza, y falta de educación, los niveles de la pobreza aumentan y desbordan la capacidad policial y judicial, generando igualmente impunidad.

4) No se abordan las causas endógenas del delito, que son las condiciones personales, psicológicas y familiares, que hacen que el delincuente cometa los delitos. El derecho penal, solo aparece después de realizado el delito, e incluso muchos años después, solo para sancionar la conducta, tratando de reconstruir la verdad y lograr una reparación, pero no trata las causas del delito.

5) No se abordan las causas exógenas del delito, que son las condiciones sociales, económicas, políticas, educativas y familiares, que generan fenómenos de delincuencia. Igualmente, el derecho penal solo aparece para castigar, y no aborda las causas del delito.

6) No se abordan los riesgos estáticos (como la edad del delincuente o su historial delictivo) y los dinámicos (como las amistades, o las actitudes antisociales) en el delincuente (Garrido, 2003).

7) No se cuenta con un sistema penitenciario que permita resocializar a los condenados y a los procesados. En tal sentido, se hace un gran esfuerzo económico y humano para investigar, juzgar y encarcelar a un delincuente, pero luego de la condena, el liberado o reincide o sale traumado e inutilizado.

Así las cosas, cuando se mira al derecho penal como un conjunto de normas, solo se puede ver "el que matare a otro incurrirá en pena de prisión de 12 a 25 años", y no se mira el componente interdisciplinario que ello debe contener, pues el jurista puro, que solo mira el derecho y la norma, no mira la psicología, la medicina, la psiquiatría, la sociología, la política, la economía, entre otras ciencias, que confluyen en un hecho de poder, que implica la frase: el que matare a otro incurrirá en pena de prisión de 12 a25 años.

14.2. LA PREDICCIÓN EN EL DERECHO PENAL.

La predicción en el derecho penal, es un tema muy controvertido, pues la predicción puede profesarse de la prevención del delito, de la investigación del delito, y de la reincidencia.

En la prevención del delito hay un gran problema, pues se trata de diagnosticar a una persona como un delincuente en potencia, y tratarlo antes de que delinca, lo que plantearon los positivistas, que se conoció como medidas de defensa social, predelictuales. Funcionaba como la medicina y la psicología, se emitía un diagnóstico, y posteriormente un tratamiento. Lo cual generó grandes problemas, pues fue utilizado por los gobiernos nazis en contra de ciertos grupos (judíos, gitanos, socialistas, etc.) para catalogarlos de peligrosos y encerrarlos sin juicio previo, por conductas que no habían realizado.

La predicción en el delito dentro de un régimen democrático debe consistir en la educación de la sociedad, y en medidas de prevención dirigidas a las víctimas.

La predicción en la investigación va dirigida identificar el posible perfil del delincuente, sus móviles y su relación con la víctima. Se predice quién pudo haber realizado el delito, y se predice si el delincuente puede volver a atacar otra vez.

Igualmente en la fase de investigación, se debe predecir que cuando se captura al sospechoso, y se le debe imponer una medida de aseguramiento, se debe predecir si es necesario o no, antes de la condena, privarlo de la libertad, ya sea porque se puede fugar, ya sea porque puede atacar a otras víctimas o a los testigos, o puede destruir las pruebas.

Por último, la predicción es importante durante la ejecución de la condena, o después de ella. Así por ejemplo, el otorgar un permiso a un recluso para que salga un par de días de la prisión como prueba, es un reto para el sistema penitenciario, pues implica darle la confianza de salir de la cárcel, con el riesgo de que se fuge o reincida en el delito estando libre. Igualmente, cuando se otorga un beneficio o subrogado penal, partiendo de la buena conducta demostrada por el condenado durante su reclusión, donde se trata de predecir su buen comportamiento, o la negación del beneficio por desconfianza, en que pueda reincidir.

Según un estudio realizado por el profesor Garrido (2003), los factores de predicción no deben de depender de un profesional de la psiquiatría o la psicología, pues existe un alto grado de error en la apreciación de los mismos por las siguientes razones:

1) La subjetividad del profesional.

2) La tendencia a diagnosticar enfermedades y no a predecir la reincidencia.

3) La cantidad de información que debe procesar el profesional después de realizar un tratamiento.

4) Hay eventos que implican interpretación, y a veces se atribuyen efectos y causas que no corresponden.

5) Generan mucha diversidad, en virtud de que se genera un tratamiento para cada caso en particular.

Por esta razón, Garrido (2003) considera que es necesario que se tengan test prediseñados en riesgos estáticos y dinámicos, que permiten una mayor objetividad y que se puedan aplicar a todos los casos.

En países como Colombia que las penas pueden llegar hasta 60 años, la preocupación por la predicción de la reincidencia de delincuentes condenados con penas mayores a 30 años, no es mucha, porque con penas tan largas, el fin de la pena, más que reinsertar al individuo en la sociedad, lo que busca es aislarlo, encerrarlo y que no vuelva a la sociedad. Pero en países europeos que tienen penas menores a 20 años, la preocupación por la reincidencia de jóvenes condenados por delitos graves es bastante, y se busca una garantía para evitar la reincidencia en el tratamiento o resocialización del delincuente.

14.3. TRATAMIENTOS PENITENCIARIOS.

Entre los tratamientos penitenciarios ineficaces se plantean por una parte, los de disciplina o entrenamiento tipo militar, o los que usan la intimidación, mostrándole a los jóvenes la crudeza de las cárceles (Garrido, 2003). Lo cierto es que la intimidación y el trato fuerte, refuerzan el rechazo del delincuente hacia la sociedad, y su hostilidad frente a la sociedad que los maltrata. Se hace una sustitución de la sociedad por la cárcel que los maltrata, y cuando salen, salen con un odio reforzado y actitudes antisociales.

Tampoco según menciona Garrido (2003) son eficaces los tratamientos penitenciarios en los que solo se hace énfasis en terapias psicológicas, como la introspección o el psicoanálisis, donde buscan un cambio comportamental, pero no se fijan en otros aspectos relevantes de la conducta delictiva como su ambiente familiar, los amigos, temas laborales y de educación, entre otras.

Los tratamientos más eficaces han resultados los que abarcan los diferentes riesgos que presenta un delincuente como son:

"... el abuso de drogas, las actitudes favorecedoras de la violencia y del delito, la presencia de racionalizaciones, excusas o creencias justificadoras del delito, pobres habilidades de solución de problemas, habilidades sociales o de afrontamiento ante situaciones de estrés, impulsividad, falta de autocontrol, una familia que ejerce una mala supervisión o se desvincula emocionalmente del individuo, los amigos que comparte el estilo de vida antisocial con uno y que le refuerzan en sus actos, o su formación profesional o nivel de educación alcanzado." (Garrido, 2003)

También se plantea como un modelo, el de las comunidades, es decir, como las de los adictos al alcohol y las drogas, donde se comparten las experiencias entre los reclusos y se creen comunidades de apoyos entre los mismos (Garrido, 2003). También se establece, que los programas de resocialización deben tener en cuenta que entre más riesgo, mayor debe ser la intervención, pues son éstos los que mayor se van a beneficiar de los programas de tratamiento, pues son los que más los necesitan (Garrido, 2003).

En relación con los delincuentes adultos, los sexuales, los violentos y los toxicómanos, se ven como más eficaces los tratamientos "de corte cognitivio-conductual, cuyas metas se establecen en atención a los factores de riesgo de la conducta delictiva." (Garrido 2003).

Pero en el caso de menores se emplean métodos como:

> "... el modelado y el role-playing, entrenamiento en habilidades sociales y habilidades cognitivas; la tutela (mentoring) junto con estrategias de consejo (counselling) individual, siempre y cuando el profesional se ajuste a la capacidad de respuesta del joven; el consejo individual estructurado dentro de un modelo como la reality therapy o la solución de problemas interpersonales, y los hogares de padres enseñantes, donde profesionales cualificados actúan como los responsables de un hogar que alberga a varios delincuentes juveniles..." (Garrido, 2003)

14.4. SOBRE LOS FINES DE LA PENA.

En cuanto a la pena, la psicología individual considera que la retribución no genera el efecto que se espera, pues olvida el origen del delito desde el delincuente, que es el desaliento, causándole así más padecimiento.

> "Es falsa la teoría de la retribución. En ella se considera al hombre distinto a como es en realidad, pues el delito no se comete por su libre albedrío, sino por debilidad. Sería injusto que un hombre que por error y desaliento cae en el delito fuese todavía más desalentado por la pena." (Jiménez, 1982. Pág. 274)

Igualmente, basar el delito en el libre albedrío lo convierte en un héroe de su decisión, lo cual, se puede entender como un premio a su decisión y no una censura a su conducta:

> La pena "Rodea al delincuente del honor de la retribución, le aurola con la gloria de lo romántico y exalta por ello aún más su delito. Si se lograse, por el contrario, el convencimiento de que el delito no es el resultado de la acción libre y audaz de la personalidad, sino la reacción de la debilidad y el desaliento, se habría suprimido con el un importante estímulo al crimen." (Jiménez, 1982. Pág. 274)

En cuanto a la intimidación a través de la prevención general y especial (negativas), tampoco funcionan en el delincuente:

> "Si se llega a reconocer que el delito tiene su génesis en la situación juvenil de inferioridad y en el desaliento efectivo, aparecerá como evidente que ese desaliento duradero no puede desaparecer con las amenazas y ejecuciones de penas, y que, por el contrario, se agrava en sus perniciosos efectos. La intimidación fortifica la hostilidad del hombre contra la sociedad. Por eso debe suprimirse toda tendencia intimidante." (Jiménez, 1982. Pág. 275)

En lo que respecta a la resocialización:

> "La misión y finalidad del tratamiento del delincuente debe tender a sintonizarle con la comunidad, es decir, a resocializarle.
>
> La mejor profilaxis de la delincuencia será la educación correcta. Hay que cuidar con esmero los métodos pedagógicos. El régimen educativo autoritario y el mimo excesivo deben ser proscritos. Hay que tratar a los niños pensando en el futuro. No ha de dárseles razón

sistemáticamente, ni tampoco postergarles, sometiéndolos al mandato irracional de los mayores, obligándoles a estar quietos y callados." (Jiménez, 1982. Pág. 275)

Así las cosas, se niega que la retribución de un mal por otro mal, castigo prisión, genere efectos favorables para el delincuente, y lo que hacen es aumentar su rebeldía frente al sistema y afianzan su concepción de injusticia. En lo relacionado con la intimidación a través de la prevención especial y general (negativas), afianzan su hostilidad con la sociedad injusta y desigual.

Y en virtud, de que su tesis se enmarca en que el delito es producto de complejos de inferioridad, plantea como forma de superarlos, la reeducación del individuo, tratando de identificar esos complejos, solucionándolos, dándoles otras alternativas de compensación diferentes al delito.

14.5. LOS EFECTOS DE LA PENA

En cuanto a los efectos psicológicos de la pena, la psicología individual es realmente crítica del sistema carcelario vigente, al establecer que destruye al individuo psicológicamente, y lo devuelve destrozado a la sociedad.

"Los investigadores han probado que la prisión mata espiritualmente al hombre, destruye en él todo resorte activo y toda reacción útil a la vida en común, y arroja por sus puestas, al término de la pena, según su duración, un pobre sujeto desalentado y radicalmente estéril para la comunidad o un ser más rencoroso, más inadaptado, más agresivo que el que entró en la penitenciaría." (Jiménez, 1982. Pág. 276)

Igualmente, explica los problemas psíquicos que genera la reclusión en una cárcel en el delincuente:

"Los efectos del encarcelamiento en la psique del preso no terminan al ser reintegrado a la libertad. Sieverts realiza este estudio y demuestra que la psique del penado, incluso en la vida libre, permanece poderosamente influida por la prisión. He aquí las manifestaciones de esa perniciosa influencia: incapacidad de concentración, debilidad de la memoria, ilusionismo fantástico, insatisfacción de la vida afectiva, defectos en el dominio de sí mismo, disminución del impulso de sociabilidad, falta de alegría en el trabajo, y, en última instancia, ausencia de decisión y de voluntad." (Citado por Jiménez. 1982. Pág. 276)

Y también explica cómo luego de la cárcel, el individuo desde el punto de vista psicológico, no se recupera, sino que en muchas veces queda destruido así recobre la libertad:

"Sólo después de largo tiempo, y a veces tras de varias crisis nerviosas, se logra la adaptación a la sociedad, y sólo parcialmente se recobra el uso de las facultades psíquicas, tal como lo exige la lucha por las existencias. Muchas veces los presos quedaron para siempre reducidos a lo que se llama un hombre roto." (Jiménez, 1982. Pág. 276)

Se plantea además, que se están perdiendo los recursos y las personas, en un sistema carcelario que se genere un verdadero valor o beneficio a la sociedad:

> "Las cifras de reincidencia, que aumentan de año en año, demuestran paladinamente que el sistema punitivo, aún en vigor, produce, a lo sumo, eficacia preventiva general, pero que dese el punto de vista de la prevención especial es completamente estéril. Los reclusos sufren, a causa de la pena privativa de la libertad, un grave déficit de naturaleza psíquica y material, sin que la sociedad obtenga en cambio de ello un beneficio apreciable. Al contrario: cada uno de estos hombres que la penitenciaría destruye representa a la vez una pérdida para la sociedad, creándose así una situación antieconómica e inmoral." (Sieverts, citado por Jiménez, 1982. pág. 276-277)

15. LA RESOCIALIZACIÓN Y LA POLÍTICA CRIMINAL EN COLOMBIA ALGUNOS EJEMPLOS.

15.1. LOS INCONVENIENTES DE LAS PENAS LARGAS.

En Colombia las altas penas, los pocos programas de resocialización, la corrupción, y la falta de interés, han generado un sistema carcelario caótico, diseñado para aislar al delincuente de la sociedad, sin importar en qué condiciones se devuelve a ella.

Por una parte, las penas extensas de más de 30 años, son un gran costo para la sociedad quién tiene que sostener a un recluso por todo el tiempo de condena. Cada recluso que ingresa a una cárcel, implica un presupuesto público que incluye su comida, manutención y servicios, y si son 30, 40 o 50 años, todos esos años, son costos que deben incluirse al presupuesto general de la Nación, en una persona que con una condena tan larga, tiende a no retornar a la sociedad o por lo menos deja de producir por todo ese tiempo.

Esas mismas penas garantizan el hacinamiento carcelario, toda vez que son más los reclusos que entran a una cárcel que los que salen, pues ante condenas de 30, 40, 50 años, estos cupos en las cárceles no se liberan sino al final de su condena o con su muerte.

Las condenas tan extensas, generan la situación de los llamados "copados", personas que ya no tienen esperanza de salir, y que están dispuestos a seguir delinquiendo al interior de la prisión, pues ya no hay forma de condenarlos por más, sus días de vida los tiene copados en prisión. A estas personas les proponen matar, robar, lesionar, secuestrar, traficar o realizar cualquier otro delito en prisión, a cambio de cualquier ayuda económica para ellos o para su familia. Son personas que no tienen nada qué perder si realizan un delito más, pues saben que no van a salir de la prisión.

Igualmente, se ha planteado dichas penas de prisión extensas para aislar al delincuente y proteger a la sociedad, sin embargo, ni eso se logra, pues por temas de corrupción se ha encontrado a delincuentes que continúan delinquiendo desde la prisión, ya sea directamente, haciendo llamadas extorsivas, o ya sea indirectamente apoyando o dirigiendo una banda criminal estando adentro de la prisión.

Las penas largas se deben reservar para los psicópatas, asesinos en serie, violadores en serie, y miembros más peligrosos de las organizaciones criminales, que puedan considerarse como incorregibles.

15.2. EL PROBLEMA DE LOS DELITOS CALLEJEROS Y LA SEGURIDAD PÚBLICA.

Uno de los problemas del derecho penal son los delitos callejeros y la seguridad pública, por ejemplo en Bogotá, se ha dado el debate de que los jueces dan la libertad de 8 de cada 10 ladrones que se capturan, las razones son varias, pero entre ellas, se encuentra la proporcionalidad de la pena respecto del bien jurídico afectado, por ejemplo, si alguien hurtó una billetera de un ciudadano que solo tenía $50.000.oo, y propone indemnizarlo con $80.000.oo., es muy difícil plantear imponer una pena mayor de 4 años intramural.

El sistema penitenciario en razón a los hurtos debe tener otro tratamiento de política criminal, pues la impunidad de los hurtos, genera mayor reincidencia, pues los ladrones ya saben cómo deben actuar para no ser encarcelados, y pagar una reparación no los disuade en no cometer más delitos, pues se paga con lo que ya hurtaron y no lo sancionaron, o se paga con el futuro hurto.

Las autoridades capturan a los ladronzuelos de poca monta y los hacen esperar las 36 horas en el calabozo, sabiendo que los jueces los van a liberar, quedando como pena en estos casos esas 36 horas, y con un individuo que sale y que seguro va a reincidir.

Solo los ladrones que usan armas y que incurren en un hurto agravado o calificado, tendrían la posibilidad de tener penas altas no excarcelables, pero en todo caso, cuando aceptan cargos, reciben rebajas.

Así las cosas, encerrar ladrones en las cárceles sin ningún tipo de tratamiento penitenciario y devolverlos a la sociedad, implica un alto riesgo de reincidencia. Solo aquellos, que consideran el encierro como una amarga experiencia, o los que deciden retirarse luego de cumplir más de 30 años, y que han sido golpeados insistentemente en sus vidas y cogen escarmiento, son los casos en que no reinciden.

En estos delitos, se requiere una intervención integral de parte del sistema penitenciario, por regla general, los ladrones comienzan sus andanzas cuando son menores de edad, y viendo la impunidad y las oportunidades que se le presentan, deciden tomar la carrera delincuencial. Otros, son reclutados por las pandillas, las bandas criminales y las organizaciones criminales, que les enseñan cómo delinquir, y continúan su carrera delincuencial.

De esta manera, la impunidad hace un daño terrible, pero a su vez la prisión sin tratamiento, es también una pérdida de tiempo y de recursos sin sentido. En los casos de hurtos, donde las penas son relativamente cortas, y que los delincuentes pueden volver a la sociedad, es necesario enfocarse en un tratamiento penitenciario efectivo, que cambie la conducta delincuencial, pero a su vez, le de herramientas al delincuente para dedicarse a otros trabajos.

En estos casos, se debe por un lado dar un sistema penitenciario de 2 oportunidades, es decir, una primera, bajo fianza, una segunda con reclusión por ejemplo de 3 años, y otra, si reincide de 10, brindando capacitación para aprender trabajos técnicos o profesionales, donde tenga alternativas diferentes a delinquir.

Pero en definitiva, se debe planear un programa aparte para estos individuos.

15.3. CASOS DE CORRUPCIÓN, ESTAFAS Y DELITOS EMPRESARIALES.

Por regla general, las personas que comenten delitos de corrupción y delitos empresariales son delincuentes de cuello blanco, que ostentan poder económico, político y tienen formación profesional.

Estos delitos deben ser atendidos de forma diferente, donde para neutralizarlos directamente, es necesario quitarles el cargo público o la empresa, que son sus instrumentos para realizar los delitos. Es decir, la inhabilidad para ejercer funciones públicas o la remoción de su empleo, o el cierre de su empresa, puede decirse que han sido neutralizados directamente, pues su peligrosidad se debe, al ejercicio de su cargo público, poder público o de la empresa en la que trabaja.

Por otra parte, debe hacerse énfasis en que devuelvan los recursos apropiados, y por tanto, hacer una justicia restaurativa, con miras a indemnizar a las víctimas. La justicia de Estados Unidos es muy drástica con los delincuentes que no devuelven los bienes, y más benévola con los que sí lo hacen. De esta manera, en los casos de grandes corruptos en Colombia, se ha tratado de plantear penas muy altas, sin que éstos devuelvan nada de lo que se apropiaron.

El corrupto con la condena ha perdido su poder, pero también es necesario que devuelva lo que se apropió, así que puede plantearse una prisión domiciliaria a cambio de que devuelva los recursos y colaboración con la justicia, de esta manera, no le cuesta al Estado, se recuperan los bienes objeto del delito.

La Fiscalía sería mucho más eficiente si en estos casos lograra recuperar los recursos apropiados por estos delincuentes de cuello blanco, y quitándoles su poder, que metiéndolos en prisión, donde siguen con la corrupción al comprar condiciones cómodas, no requieren tratamiento penitenciario (pues están bien formados profesionalmente), e igualmente, terminan siendo un costo para el Estado.

BIBLIOGRAFIA

Agudelo, Nodier. Los inimputables. Cuarta Edición. Temis.

Baratta, Alessandro (2004). Criminología crítica y crítica del derecho penal. Siglo veintiuno editores Argentina.

Definición de fanatismo. En la página web denominada definición de, encontrada en la siguiente página web: https://definicion.de/fanatismo/ consultada el 18 de febrero de 2021.

Documentales de asesinos en serie en español. Video. En la siguiente página web: https://www.youtube.com/watch?v=UYDe3MOHANY consultada el 1 de Noviembre de 2020.

Feijo, Bernardo. (2013) Culpabilidad jurídico-penal y neurociencias. Págs. 269-298, en Demetrio, Eduardo (dir.), Maroto, Manuel (coord.) Neurociencias y derecho penal. Nuevas perspectivas en el ámbito de la culpabilidad y tratamiento jurídico-penal de la peligrosidad. Edisofer y BdF.

Garrido, Vicente (2003) Psicópatas y otros delincuentes violentos. Tirand lo blanch. Valencia.

Garrido, Vicente (2018) Asesinos múltiples y otros depredadores sociales. Ariel.

Goleman, Daniel (2023) la inteligencia emocional. Penguin Random House Grupo Editorial.

Hassemer, Winfried; Muñoz, Francisco (2012. Introducción a la criminología. Tirand lo blanch. Valencia.

Hirsch, Hans. (2013) Acerca de la actual discusión alemana sobre libertad de voluntad y derecho penal. Págs. 43-56 Demetrio, Eduardo (dir.), Maroto, Manuel (coord.) Neurociencias y derecho penal. Nuevas perspectivas en el ámbito de la culpabilidad y tratamiento jurídico-penal de la peligrosidad. Edisofer y BdF.

Jäger, Christian. Libre determinación de la voluntad, causalidad y determinación a la luz de la moderna investigación del cerebro. Págs. 57-60. Demetrio, Eduardo (dir.), Maroto, Manuel (coord.) Neurociencias y derecho penal. Nuevas perspectivas en el ámbito de la culpabilidad y tratamiento jurídico-penal de la peligrosidad. Edisofer y BdF.

Jiménez, Luis (1982) Psicoanálisis criminal. Sexta edición. Ediciones Depalma. Buenos Aires.

Mendoza, Ada (2007) Psiquiatría para criminólogos y criminología para psiquiatras. Trillas.

Pianeta, Herminia (2022) Conferencia virtual 27 de Octubre. Organizada por Abello Bula Asesores y Consultores SAS.

Reyes, Yesid (2021) Aspectos controversiales de la legítima defensa. A manera de estudio preliminar. Pags. 15-55. En REYES, Yesid. OROZCO Hernán. Entre la legítima defensa y la venganza. Universidad Externado de Colombia.

Roemer, (2001). Economía del Crimen. Editorial Limusa. México D.F.

Torres, Mauro (2003) Compulsión y Crimen. Segunda edición. Legis. Bogotá.

UTRIA, Miguel. El fanatismo, sus riesgos y el rol de las familias en estos casos. En el diario el Heraldo, 31 de enero de 2021 publicado en la siguiente página web: https://www.elheraldo.co/sociedad/el-fanatismo-sus-riesgos-y-el-rol-de-las-familias-en-estos-casos-791226 consultada el 18 de Febrero de 2021

Zaffaroni, Eugenio (2013) La cuestión criminal. Grupo editorial Ibáñez.

Zaffaroni, Eugenio; Dias Ilison (2019). La nueva crítica criminológica. criminología en tiempos de totalitarismo financiero. Ediciones Gustavo Ibáñez Carreño. Bogotá.